Manfred Clemenz
Freud und Leonardo

Sigmund Freuds Studie *Eine Kindheitserinnerung des Leonardo da Vinci* (1910) ist nicht nur seine erste, sondern zugleich seine umfangreichste Beschäftigung mit bildender Kunst. Die Frage, um welche Art von Text es sich dabei handelt, hat Interpreten und Kritiker seit nun fast hundert Jahren immer wieder beschäftigt. Handelt es sich um eine psychoanalytische Novelle, die, wie Kurt Eissler schrieb, nicht zuletzt wegen ihrer »literarischen Schönheit« Bestand hat, oder um den Versuch, bestimmte klinische Hypothesen am Fall des genialen Künstlers Leonardo da Vinci (1452-1519) zu überprüfen, also wie Freud selbst schreibt, um eine »Pathographie«?

Das Dilemma des Freudschen Ansatzes ist nicht, daß er bestimmte Details falsch interpretierte oder noch nicht kannte, sondern daß für ihn unwiderruflich feststand, daß es sich bei Leonardo da Vinci, dem Schöpfer der *Mona Lisa*, um eine künstlerisch und sexuell *gehemmte* Persönlichkeit handelte, dessen Neurose sein Leben und Werk entscheidend geprägt habe. Clemenz zeigt, daß die vorrangige Orientierung an einem neurotischen Konflikt in eine pathologisierende Engführung mündet, die weder mit dem Renaissanceideal des *uomo universale*, noch mit den umfangreichen künstlerischen und außerkünstlerischen Tätigkeiten Leonardos vereinbar ist.

Zugleich plädiert Clemenz dafür, biographische Aspekte in die Interpretation künstlerischer Werke einzubeziehen, betont aber die Notwendigkeit, das zugrundeliegende biographische und historische Material einer genauen Quellenkritik zu unterziehen. Die Untersuchung wird mit einem Ausblick auf eine psychoanalytische Theorie künstlerischer Kreativität abgeschlossen.

Manfred Clemenz, Professor für Soziologie und Sozialpsychologie an der Johann Wolfgang Goethe-Universität Frankfurt a. M., Psychotherapeut und Gruppenanalytiker in eigener Praxis, Künstler. Zahlreiche Buch- und Zeitschriftenveröffentlichungen, zuletzt erschien: *Wir können nicht besser klagen. Ostdeutsche Lebensläufe im Umbruch* (Aufbau Verlag, Berlin 2001). Ausstellungen von Bildern und Objekten.

Manfred Clemenz

Freud und Leonardo

Eine Kritik
psychoanalytischer Kunstinterpretation

Brandes & Apsel

Auf Wunsch informieren wir regelmäßig über das Verlagsprogramm:
Brandes & Apsel Verlag, Scheidswaldstr. 33, D-60385 Frankfurt am Main
E-Mail: brandes-apsel@t-online.de
Internet: www.brandes-apsel-verlag.de

1. Auflage 2003
© Brandes & Apsel Verlag GmbH, Frankfurt am Main
Lektorat: Karin Schlücker, Frankfurt am Main
DTP: Claudia Weidner, Leipzig
Umschlaggestaltung: MDDigitale Produktion, Maintal
Druck: Tiskarna Ljubljana d. d., Ljubljana, Printed in Slovenia
Gedruckt auf säurefreiem, alterungsbeständigem und chlorfrei
gebleichtem Papier.

Bibliografische Information Der Deutschen Bibliothek
Die Deutsche Bibliothek verzeichnet diese Publikation in der
Deutschen Nationalbibliografie; detaillierte bibliografische Daten sind
im Internet über http://dnb.ddb.de abrufbar

ISBN 3-86099-771-8

Inhalt

Vorbemerkung

... die literarische Schönheit seiner Arbeit ist betörend.
(Eissler, 1998, S. 408)

Sigmund Freuds 1910 veröffentlichte Studie über Leonardo da Vinci ist der Beginn einer schwierigen Beziehung zwischen Psychoanalyse und Kunst. Zwar hatte sich Freud schon früher der Literatur zugewandt: In *Der Wahn und die Träume in W. Jensens »Gradiva«* (1907) hatte er Wilhelm Jensens Novelle *Gradiva* aus psychoanalytischer Perspektive untersucht. Freud hatte jedoch darauf verzichtet, die Person Jensens und die Entstehung der Novelle in seine Untersuchung einzubeziehen. Er beschränkte sich auf das, was der Stoff der Novelle selbst anbot: den Zusammenhang zwischen Traum- und Wahnbildungen des Protagonisten Norbert Hanold. Vor dem Hintergrund seiner 1900 veröffentlichten *Traumdeutung* und seiner Erfahrung mit psychiatrischen Krankheitsbildern fiel es Freud nicht schwer, eine Reihe eindrucksvoller Überlegungen zum Verhältnis zwischen Traum und Wahn in einem literarischen Text zu entwickeln.

Anders gelagert sind Freuds Perspektive und Anspruch in seinem Essay *Eine Kindheitserinnerung des Leonardo da Vinci* (1910). Hier soll nicht nur die Person Leonardos einer psychoanalytischen Betrachtung unterzogen werden, auch die Entstehung und der psychologische Hintergrund zumindest einiger seiner Bilder sollen psychoanalytisch untersucht werden. Damit erhält Freuds Studie schon deshalb besondere Bedeutung, weil sie gewissermaßen ein Gründungsdokument darstellt: Mit ihr beginnt die Psychoanalyse ihre Auseinandersetzung mit bildender Kunst.

Nachdem Freud in den ersten Sätzen seiner Arbeit zunächst der »Größe des Naturforschers« ebenso Tribut zollt wie der des Künstlers (1910, S. 91), wird unmittelbar im Anschluß daran der Tenor seiner Arbeit deutlich. Freud thematisiert einen Konflikt Leonardos: den zwischen Forscher und Künstler, »hat doch in seiner Entwicklung der Forscher den Künstler nie ganz freigegeben, ihn oftmals schwer beeinträchtigt und ihn vielleicht am Ende unterdrückt« (ebd.). Wir dürfen somit in erster Linie eine Analyse der psychischen Entwicklung und der Konflikte Leonardos, insbesondere des Konfliktes zwischen Forscher und Künstler, erwarten und weniger eine Untersuchung seines künstlerischen Werkes. Ein derartiger Ansatz sollte nicht von vornherein als bloß »biographistisch« abgewertet werden. Da er mit den genuinen Erkenntnismitteln der Psychoanalyse durchgeführt wird, vermag er *gerade deshalb* dem Kunsthistoriker und -wissenschaftler wertvolle Hinweise für das Verständnis auch des Werks zu geben. Man kann einen solchen Ansatz auch, wie es der Kunsthistoriker Herding (1998, S. 20) formuliert, als »Rückgewinnung« einer verdrängten Problemstellung der Kunstgeschichte ansehen, des Problems nämlich, in welcher Weise die psychische Dimension für das Verständnis von Werk und Künstler von Bedeutung ist. Wir dürfen also gespannt sein, wie Freud diese Aufgabe löst.

Darüber hinaus müssen wir uns die Frage stellen, um welche Art von Text es sich bei Freuds Essay eigentlich handelt. Nur so können wir seinem Anspruch gerecht werden. Freuds Leonardo-Essay gleicht in gewisser Hinsicht dem Lächeln der *Mona Lisa*. Er ist schwer zu ergründen, mehrdeutig, ambivalent – »rätselhaft« wie der Mensch selbst, über den Freud berichtet (1910, S. 91). Handelt es sich um einen frühen Versuch angewandter Psychoanalyse, das heißt psychoanalytischer »Biographik« (S. 156) oder psychoanalytischer Kunstbetrachtung? Handelt es sich um eine »Pathographie« (S. 152), um den Versuch, bestimmte Theoreme der neuen Wissenschaft Psychoanalyse auf die Persönlichkeit Leonardos anzuwenden? Oder handelt es sich eher – um eine weitere Formulierung Freuds aufzugreifen – um einen »psychoanalytischen Roman« (S. 156), der, wie Eissler (1998, S. 408) schreibt, auch wegen seiner »literarische[n] Schönheit« Bestand hat? Handelt es sich gar um eine kryptische Selbstdarstellung Freuds? Dies vermutet beispielsweise Herding: Freud habe zu dem »Verdacht, er habe seine eigene Kindheit auf die Leonardos projiziert, selbst beigetragen« (Herding, 1998, S. 18; ähnlich Schröter, 1998, S. 499).

In der Literatur zu Freuds Leonardo-Studie wird nur selten darauf hingewiesen, daß Freud sich zu diesen Spekulationen selbst geäußert hat. So hat Freud das Romanhafte seiner Arbeit nicht schlechterdings in Abrede gestellt und dies mit seiner Bewunderung für Leonardo in Verbindung gebracht. »Sollte ich mit diesen Ausführungen auch bei Freunden und Kennern der Psychoanalyse das Urteil hervorrufen, daß ich bloß einen psychoanalytischen Roman geschrieben habe, so werde ich antworten, daß ich die Sicherheit dieser Ergebnisse nicht überschätze. Ich bin wie andere der Anziehung unterlegen, die von diesem großen und rätselhaften Manne ausgeht, in dessen Wesen man mächtige triebhafte Leidenschaften verspürt, die sich doch nur so merkwürdig gedämpft äußern konnten.« (Freud, 1910, S. 156) Freud war offenbar selbst skeptisch hinsichtlich der wissenschaftlichen Stichhaltigkeit seiner Überlegungen. In einem Brief an den Maler Hermann Struck (zit. nach Tögel, 1992, S. 44) spricht er davon, daß seine Leonardo-Studie »halb Romandichtung« sei.[1]

Ich selbst möchte eine andere Lesart vorschlagen, eine Lesart, die in der Rezeptionsgeschichte des Freudschen Textes erstaunlicherweise kaum eine Rolle spielt, obwohl Freud im letzten Kapitel seines Essays seine methodische und methodologische Perspektive mit aller Deutlichkeit dargelegt hat. Erst am Schluß seines Essays klärt Freud (1910, S. 153) uns darüber auf, daß er einen *kausalanalytischen* Ansatz verfolgt, das heißt, daß er nicht nur *verstehen*, sondern auch *erklären* will: er sucht eine »Erklärung« der »Hemmungen« Leonardos. Dies steht in Übereinstimmung mit Freuds deterministischem Denken – auf die Details von Freuds Kausalanalyse bzw. seines Determinismus werde ich später eingehen.

Damit hebt sich die wissenschaftliche Intention des Freudschen Textes scharf ab von seiner literarischen Form, von der wissenschaftlichen Unverbindlichkeit eines psychoanalytischen »Romans«. Freud spielt gewissermaßen mit der Vorstellung der »Romandichtung«, insistiert aber zugleich auf der methodischen Härte eines kausalanalytischen Vorhabens. Damit stellt er mit der Leonardo-Studie zugleich seinen methodologischen und methodischen Ansatz auf den Prüfstand. Ich halte es deshalb für berechtigt, Freuds »Leonardo« als eine paradigmatische Fallgeschichte zu behandeln, gewissermaßen als den »Fall Leonardo da Vinci«, an dem zu klären sein wird, wie weit der von Freud (aber auch von der Psychoanalyse nach Freud) in Anspruch genommene Doppelansatz von »Verstehen« und »Erklären« hier realisiert wird.

Um Mißverständnisse zu vermeiden, noch eine abschließende Bemerkung in diesem Zusammenhang: In seinem respektvollen und kenntnisreichen Aufsatz *Leonardo and Freud* schreibt Schapiro (1956, S. 178), daß Freuds Arbeit kein »real test of his theory« sei. Dem stimme ich zu. Eine Theorie ist nicht dadurch widerlegt, daß einzelne Daten oder Prognosen falsch sind (dieser Ansicht ist im übrigen auch Popper). Zur Diskussion steht somit nicht Freuds Theorie schlechthin, sondern eine spezi-

---

[1] Vgl. auch Gay (1989, S. 305). Collins (1997, S. 31) hat offenbar ebenfalls keine Bedenken, Freuds Essay als »psycho-analytic novel« zu bezeichnen.

fische methodische und methodologische *Anwendung* seiner Theorie im Rahmen einer nichtklinischen Fallanalyse.

Daß Freud die »Anziehung« betont, die sein Protagonist auf ihn ausübt, macht das Verständnis seiner Arbeit nicht leichter. Es gilt also nicht nur, Freuds psychoanalytische Interpretation zu verstehen, sondern zusätzlich auch seine mögliche Identifikation mit Leonardo in Rechnung zu stellen. So könnte sich zum Beispiel, um nur eine Möglichkeit anzuführen, hinter einer manifesten Idealisierung eine latente Entwertung verbergen. Wir werden sehen, daß Freud, nachdem er dem Künstler und Forscher Leonardo höchstes Lob gespendet hat, ihn mehr und mehr in den Umkreis der Neurose rückt und schließlich, im letzten Kapitel seines Essays, eine »Pathographie« Leonardos entwirft. Ich muß gestehen, für mich ist Freuds Leonardo-Aufsatz eine der schwierigsten Arbeiten Freuds, phantasievoll, eindrucksvoll in der Art seines psychoanalytischen Zugriffs, häufig aber auch wenig schlüssig in der Argumentation, ärgerlich gelegentlich. Letzteres vor allem deshalb, weil Freud eine Interpretationslinie verfolgt, die geradezu resistent erscheint gegen alle Einwände und Bedenken.

Freuds Leonardo-Studie ist nicht zuletzt auch deshalb aufschlußreich, weil Freud in ihr – gerade indem manches, ähnlich wie bei Leonardo selbst, offen oder unfertig bleibt – seine Arbeitsweise dokumentiert. An dieser Stelle möchte ich zunächst knapp skizzieren, wie die biographisch-psychoanalytische Argumentation Freuds verläuft. Freud arbeitet zwei in ihrer biographischen Genese miteinander verknüpfte, psychologisch jedoch zu unterscheidende Züge in Leonardos Biographie und Werk heraus: Leonardos »Hemmung« und seine ebenfalls »gehemmte« oder »ideelle Homosexualität«. Beide möchte Freud aus Leonardos frühkindlichen Erfahrungen (etwa bis zum fünften Lebensjahr) nicht nur verstehen, sondern, wie bereits gesagt wurde, auch erklären. Dieses Ziel formuliert Freud allerdings erst gegen Ende seines Essays ausdrücklich: »Das Ziel unserer Arbeit war die *Erklärung* der Hemmungen in Leonardos Sexualleben und in seiner künstlerischen Tätigkeit.« (Freud, 1910, S. 153; Herv. M. C.)

Im Zuge seiner Argumentation legt Freud offen, mit welchem Material er arbeitet: mit einigen wenigen Daten, insbesondere mit einer Kindheitserinnerung Leonardos, der geheimnisvollen »Geierphantasie«, in der Leonardo von einem »Geier«, so Freuds irrtümliche Übersetzung, in der Wiege mehrfach mit seinem Schwanz zwischen die Lippen geschlagen wurde. Damit werden seine Interpretationen für Leser und Leserinnen überprüfbar und kritisierbar – wenngleich, wie wir sehen werden, Freuds Interpretationen häufig verschlungene Wege einschlagen.[2] Auch um den Preis, daß meine eigene Interpretation manchmal ebenso verschlungen wird, möchte ich den verschiedenen Linien und Windungen der Freudschen Argumentation nachgehen. Obwohl ich mit vielen Argumenten Freuds nicht übereinstimme, wurde die gründliche Auseinandersetzung mit ihnen für mich zum doppelten Gewinn. Sie regte mich nicht nur zu eigenen Überlegungen zur Person und zum Werk Leonardo da Vincis an. Freuds Essay wurde auch zum unentbehrlichen Ausgangspunkt, um erneut über ein psychoanalytisches Verständnis von Kreativität nachzudenken.

Ich möchte allen meinen Freunden und Kollegen danken, die mich bei dieser Arbeit unterstützt und ermutigt haben. Der *Literaturwerkstatt Höchst* danke ich dafür, daß ich verschiedene Teile meines Manuskripts in einer Atmosphäre konstruktiver Kritik vorstellen konnte. Der *Denkbar* Frankfurt am Main möchte ich dafür danken, daß ich die Vortragsreihe »Psychoanalyse und bildende Kunst« in Zusammenarbeit mit dem *Frankfurter Psychoanalytischen Institut e.V.* durchführen konnte, in der ich eine komprimierte Fassung meiner Überlegungen zur Diskussion stellen konnte. Der verschiedenen Phasen seiner Entwicklung wurde das Manuskript in meinem Colloquium »Ästhetische Hermeneutik« an der J. W. Goethe-Universität Frankfurt am Main, Fachbereich Gesellschaftswissenschaften, diskutiert. Für die zahlreichen Anregungen und Verbesserungsvorschläge bin ich den Teilnehmern des Colloquiums dankbar. Prof. Dr. Adrian Gaertner verdanke ich wichtige Hinweise zu dem Kapitel über künstlerische Kreativität. Besonderer Dank gilt meiner wissenschaftlichen Mitarbeiterin, Karin Schlücker, die die Entwicklung meiner Überlegungen sachkundig unterstützt und die wiederholten Überarbeitungen des Manuskripts mit großer Geduld lektoriert hat.

---

[2] Daß Freuds Leonardo-Studie »a beautiful simplicity« besitze (Schapiro, 1956, S. 147), kann ich leider nicht bestätigen. Für mich ähnelt sie eher einem Kreuzworträtsel.

Leonardos »Hemmung«:
Der Konflikt zwischen Forscher und Künstler

Leonardo da Vinci – ein gescheiterter Künstler?

L eonardo da Vinci ist für Freud eine sexuell, aber auch künstlerisch »gehemmte« Persönlichkeit. Legt man die später publizierte Arbeit *Hemmung, Symptom und Angst* (Freud, 1926) zugrunde, so handelt es sich bei einer Hemmung um eine erhebliche psychische Störung: »Man kann also abschließend über die Hemmungen sagen, sie seien Einschränkungen der Ichfunktionen, entweder aus Vorsicht oder infolge von Energieverarmung.« (S. 236) Schon an dieser Stelle fragt sich der Leser, die Leserin möglicherweise: Wie können wir Leonardo, der ein großer Maler, ein bedeutender Naturforscher und ein versierter Ingenieur war, mit der Vorstellung einer »Hemmung« in Einklang bringen? Aber folgen wir zunächst Freuds Überlegungen.

Freuds Vorstellung, der Forscher Leonardo habe den Künstler Leonardo oftmals schwer beeinträchtigt, später möglicherweise sogar unterdrückt, wurde eingangs bereits erwähnt. Argumente, daß auch andere Künstler ähnliche Verhaltensweisen zeigten wie Leonardo – zum Beispiel »Langsamkeit« in der Ausführung ihrer Werke – läßt Freud nicht gelten:

> Das peinliche Ringen mit dem Werke, die endliche Flucht vor ihm und die Gleichgültigkeit gegen sein weiteres Schicksal mag bei vielen anderen Künstlern wiederkehren; gewiß aber zeigte Leonardo dieses Benehmen im höchsten Grade. (Freud, 1910, S. 94)

Wenig später ergänzt er:

> Man merkt im Gegenteil eine ganz außerordentliche Vertiefung, einen Reichtum an Möglichkeiten, zwischen denen die Entscheidung nur zögernd gefällt wird, Ansprüche, denen kaum zu genügen ist, und eine Hemmung in der Ausführung, die sich eigentlich auch durch das notwendige Zurückbleiben des Künstlers hinter seinem idealen Vorsatz nicht erklärt. (S. 95)

Das technische Problem des Mailänder Abendmahls, das statt *al fresco* mit Ölfarben gemalt worden sei und das damit vom Zerfall bedroht war,[3]

---

[3] Hier bezieht sich Freud vermutlich auf Mereschkowski (1903). Bramly zufolge

erklärt Freud mit dem »fremden Interesse« des »Experimentators« Leonardo: »Es ist hier, als ob ein fremdes Interesse, das des Experimentators, das künstlerische zunächst verstärkt habe, um dann das Kunstwerk zu schädigen.« (S. 96) So findet Freud seine Einschätzung bestätigt: »Die Langsamkeit, die an Leonardos Arbeiten von jeher auffiel, erweist sich als ein Symptom dieser Hemmung, als der Vorbote der Abwendung von der Malerei, die später eintrat.« (S. 95) Handelt es sich also bei Leonardos Hemmung, da von »Vorsicht« in diesem Zusammenhang wohl kaum gesprochen werden kann, um eine »Energieverarmung«?

Freuds weitere Gedankengänge und Argumente sind zunächst eher phänomenologischer Natur. So verweist er auf »eine gewisse Inaktivität und Indifferenz« Leonardos (Freud, 1910, S. 96) sowie auf »kühle Sexualablehnung«, ja »Frigidität« (S. 97), die sich in seinen Schriften äußere. Die Beispiele für eine auch *moralische* Indifferenz Leonardos, die Freud vorträgt, erscheinen überzeugend, werden aber nicht weiter untersucht. Interessant ist in diesem Zusammenhang der Hinweis auf Goethe, der ähnliche Züge gehabt habe, da Goethe, was die Vielfalt seiner Interessen und den Umfang seines Werkes anbelangt, aber auch hinsichtlich seiner engen Mutterbindung mit Leonardo vergleichbar sei (S. 111). Freud geht auch diesem Gedanken nicht weiter nach. Daß Leonardo, der Harmonie und Ausgleich liebte, Fleischnahrung ablehnte, weil er es nicht »für gerechtfertigt hielt, Tieren das Leben zu rauben« (S. 96), oder Vögeln, die er auf dem Markte kaufte, die Freiheit schenkte, zugleich aber die »grausamsten Angriffswaffen« (ebd.) ersann und Cesare Borgia als oberstem Kriegsingenieur diente (so auch Bramly, 2000, S. 377), verdeutlicht in der Tat eine gewisse moralische Indifferenz (die im übrigen Mereschkowski in seinem Leonardo-Roman von 1903 ausführlich beschrieben hat).

Daß Leonardo zugleich »eine gewisse Inaktivität« gezeigt habe, kann Freud allerdings nicht belegen. Hier, wie an anderen Stellen, schwächt er Behauptungen ab, die er in einer Vortragsfassung für den Mittwochskreis der Wiener Psychoanalytischen Vereinigung zugespitzter aufgestellt hatte. So hatte Freud im Vortrag noch betont, daß es Leonardo an »Aktivität

---

wurde das Mailänder Abendmahl jedoch mit einer speziellen Tempera-Mischung gemalt: »Es hat den Anschein, als wäre eine von Leonardo verwendete ungebräuchliche Technik der Farbanmischung (starke Tempera auf einer doppelten Putzschicht aus Gips) teilweise für den Zerfall des Gemäldes verantwortlich.« (Bramly, 2000, S. 350; vgl. auch Nunberg und Federn, 1977, S. 314)

... vollkommen mangelte«.[4] Ein Nachweis für Leonardos »Inaktivität« ist denn auch kaum zu erbringen, es sei denn, man würde »Aktivität« ausschließlich am Umfang der *hinterlassenen* Arbeiten oder künstlerischen Werke messen. Daß Leonardos »Projekte«, wie man heute sagen würde, häufig scheiterten, ist in der Tat nicht zu bestreiten und auffällig. Das Mailänder *Cavallo,* ein monumentales Standbild zu Ehren des Vaters von Herzog Lodovico Sforza, an dem er viele Jahre letztlich ohne klaren Erfolg arbeitete, die geplante Umleitung des Arno im Auftrag der Florenzer Signoria, seine Beteiligung an dem damals gescheiterten Versuch, die Pontinischen Sümpfe trockenzulegen, sein Vorhaben einer wissenschaftlichen Enzyklopädie seiner Zeit und nicht zuletzt seine Flugmaschinen sind eindrucksvolle Beispiele dafür. Fast könnte man sagen: Leonardo wurde von grandiosen, deshalb aber auch zum Scheitern verurteilten Projekten geradezu magisch angezogen. Auch die *Schlacht von Anghiari*, ein geplantes und nur teilweise ausgeführtes Monumentalgemälde, ebenfalls im Auftrag der Florenzer Signoria, gehört in diese Reihe.[5] Ich werde auf diese gescheiterten Projekte Leonardos noch einmal zurückkommen.

Weder alltagspsychologisch noch psychoanalytisch scheinen mir diese Projekte Leonardos als Beweise für Inaktivität und Hemmung (das heißt, im Sinne der Freudschen Definition, für »Vorsicht« oder »Energieverarmung«) geeignet zu sein. Eher noch könnte man von seinem enormen Ehr-

---

[4] Laut Vortragsfassung vom 1. 12. 1909 in den von Nunberg und Federn herausgegebenen Protokollen der Wiener Psychoanalytischen Vereinigung (1977, S. 307).

[5] Das Wandbild sollte auf einer 7,32 x 18,30 m großen Wand für den Saal des Großen Rats im Palazzo vecchio aufgeführt werden. Allerdings ist bis heute nicht gesichert, in welcher Größe das Bild von Leonardo geplant war (vgl. Wassermann, 1991, S. 156). Möglicherweise hat bei der Aufgabe der Arbeit die Konkurrenz mit Michelangelo eine Rolle gespielt. Michelangelo hatte, ähnlich wie Leonardo, den Auftrag erhalten, im selben Raum die *Schlacht von Cascina* darzustellen. Bekannt sind auch Leonardos Notizen zum Beginn seiner Arbeit an dem Wandbild: »Am 6. Juni 1505, einem Freitag, begann ich mit dem Schlag der dreizehnten Stunde im Palast zu malen. In dem Augenblick, als ich den Pinsel niederlegte, änderte sich das Wetter zum Schlechten, und die Glocke begann zu läuten, um Menschen vor Gericht zu rufen. Da löste sich der Karton. Das Wasser lief aus, als ein Gefäß zerbrach, in dem es gebracht wurde. Und plötzlich wurde das Wetter noch schlechter, und bis zum Anbruch der Nacht regnete es in Strömen. Und es war dunkel wie die Nacht.« (ebd.) Denkbar ist somit auch, daß für Leonardo die Arbeit von Anfang an unter einem schlechten Stern stand. Das Beispiel der *Schlacht von Anghiari* verdeutlicht meines Erachtens, wie schwierig ein Urteil darüber ist, warum ein bestimmtes Kunstwerk angefangen und nicht beendet wurde.

geiz oder Narzißmus, vielleicht sogar von Allmachtsvorstellungen sprechen. Nicht zuletzt haben diese gescheiterten Projekte den *Mythos Leonardo* geschaffen, und zwar schon zu seinen Lebzeiten – ein Phänomen, auf das Freud nirgendwo eingeht. Mit einem etwas gewagten Vergleich könnte man sagen: Von den Künstlern des 20. Jahrhunderts gleicht ihm in dieser Hinsicht am ehesten Picasso. Über den »Mythos« Picasso schreibt Spies:

> Offensichtlich scheint unsere Zeit bei Picasso eine Antwort zu suchen, die die Lebenspraxis selbst berührt. Picasso hat Träume unserer Zeit erfüllt: den vom langen Leben, vom Arbeiten ohne Entfremdung und Skepsis, den von der Wandlungsfähigkeit und schließlich den vom unerhörten, gesicherten Erfolg. (Spies, 1981, S. 9)

Ähnlich, aber, wie wir sehen werden, aus ganz anderen Gründen, war Leonardo ein Mythos der Renaissance.

Mereschkowski (1903) und Bramly (2000) zufolge wurde Leonardo über den Umkreis von Florenz und Mailand hinaus zunächst nicht als Maler, sondern gerade als Schöpfer des *Cavallo*-Modells bekannt: »Bald erfüllte der Ruhm des Bildhauers ganz Italien.« (Bramly, 2000, S. 278) In moderner Terminologie könnte man sagen: Leonardo hat aus *sich selbst,* aus seinen vollendeten und unvollendeten Kunstwerken und Projekten ein *Kunstwerk* geschaffen. Sein Auftreten am Hofe Lodovico Sforzas liegt auf dieser Linie: Er trat als Musiker, Regisseur und glänzender Unterhalter in Erscheinung. Leonardo wollte gesehen, beachtet, bewundert werden – Bramly (2000, S. 15f.) beschreibt Leonardos extravagante Kleidung, Wassermann (1991, S. 7) spricht von Leonardos Eitelkeit.

Doch zurück zu Freuds Leonardo. Seinem psychoanalytischen Verständnis der Eigenschaften Leonardos nähert sich Freud mit einem Verweis auf Solmis Leonardo-Biographie (1908). Nur Solmi sei dem Rätsel Leonardo ein Stück weit näher gekommen. Freud zitiert ihn:

> Aber das unstillbare Verlangen, alles ihn Umgebende zu erkennen und mit kalter Überlegenheit das tiefste Geheimnis alles Vollkommenen zu ergründen, hatte Leonardos Werke dazu verdammt, stets unfertig zu bleiben. (Solmi, zit. in Freud, 1910, S. 100)

Damit ist Freud wieder bei seiner These, daß der Forscher Leonardo den Künstler Leonardo »oftmals schwer beeinträchtigt und ihn vielleicht am Ende unterdrückt« habe (S. 91). Freud ergänzt diesen Gedanken Solmis noch durch die Überlegung, daß Leonardo auch seine Affekte der Forschung, dem »Wissensdrang« bzw. der »Wißbegierde«, unterworfen habe.

Während dieser Forscherarbeit warfen Liebe und Haß ihre Vorzeichen ab und wandelten sich gleichmäßig in Denkinteresse um. … Er hatte die Leidenschaft nur in Wissensdrang verwandelt; er ergab sich nun der Forschung mit jener Ausdauer, Stetigkeit und Vertiefung, die sich aus der Leidenschaft ableiten. (S. 101)[6]

Freud spitzt die These Solmis noch einmal zu – »Und endlich riß ihn der übermächtig gewordene Trieb fort, bis der Zusammenhang mit den Anforderungen seine Kunst zerriß, …« (S. 103) – und spricht an dieser Stelle von einer »Störung« (ebd.).[7] Erst damit setzt Freud zu einer psychoanalytischen Interpretation an:

Wenn wir im Charakterbild einer Person einen einzigen Trieb überstark ausgeprägt finden, wie bei Leonardo die Wißbegierde, so berufen wir uns zur Erklärung auf eine besondere Anlage, über deren wahrscheinliche organische Bedingtheit meist noch nichts Näheres bekannt ist. Durch unsere psychoanalytischen Studien an Nervösen werden wir aber zwei weiteren Erwartungen geneigt, die wir gern in jedem einzelnen Falle bestätigt finden möchten. Wir halten es für wahrscheinlich, daß jener überstarke Trieb sich bereits in der frühesten Kindheit der Person betätigt hat, … und wir nehmen ferner an, daß er ursprünglich sexuelle Triebkräfte zu seiner Verstärkung herangezogen hat, so daß er späterhin ein Stück des Sexuallebens vertreten kann. (S. 104)

Ehe ich auf die Details der psychoanalytischen Argumentation Freuds eingehe, möchte ich an dieser Stelle einen Punkt festhalten. Selbst wenn man Freud zugesteht, daß Leonardos Verhältnis zur Malerei »gehemmt« oder »gestört« war, fällt hier, ähnlich wie bei Freuds Postulat der angeblichen Inaktivität Leonardos, eine spezifische Perspektive auf, die Leonardo vor allem als Maler sieht oder sehen will.[8] Ausgeblendet bleibt, daß

---

[6] Auch Mereschkowski spricht von Leonardos »Wißbegierde«, zumindest erscheint der Begriff so in der deutschen Übersetzung von 1903. So schreibt Mereschkowski beispielsweise: »In solchen Augenblicken verdrängte die Wißbegierde alle anderen Gefühle. Er beobachtete den Ausdruck großen Leidens in den menschlichen Gesichtszügen, in den Körperbewegungen, wie ein seltenes, ungewöhnliches Experiment …« (1903, S. 218)

[7] Eine weitere Definition dieser »Störung« lautet: »Der Künstler hatte einst den Forscher als Handlanger in seinen Dienst genommen, nun war der Diener der stärkere geworden und unterdrückte seinen Herrn.« (Freud, 1910, S. 104)

[8] Auch Collins weist auf diese Eigentümlichkeit der Freudschen Argumentation hin: »He underscores the regressive, obsessional, isolating, and unremunerative aspects of Leonardo's scientific activity and makes it appear as if his only true ›duties‹ were toward art. But Freud at the same time holds the results of Leonardo's investigations in

Leonardo, verglichen mit seinen anderen Tätigkeiten, Zeit seines Lebens wenig, aber gleichwohl bis ins Alter gemalt hat.[9] Der Eindruck des Defizitären verändert sich damit durch einen einfachen Perspektivwechsel. Wenn man nämlich Leonardo *unter anderem als Maler*, daneben aber als Wissenschaftler, Architekten, Ingenieur etc. betrachtet, reduziert sich zumindest in quantitativer Hinsicht das Ausmaß von Leonardos »Hemmung« als Maler.

Sublimierung und/oder Verdrängung:
Zum Schicksal der kindlichen Sexualforschung

Der »überstark« ausgebildete Trieb, die »Wißbegierde«, von der Freud spricht, wird in Leonardos Fall auf die frühkindliche Sexualforschung, das heißt auf die Ebene eines Partialtriebs zurückgeführt.[10] Diese frühkindliche

---

high regard.« (Collins, 1997, S. 17)

[9] Zugleich hat er eine kaum überschaubare Anzahl von Zeichnungen und Skizzen hinterlassen, auf deren Umfang und Bedeutung Freud nicht eingeht. Clark (2000, S. 29) merkt hierzu an: »Während seines Lebens war er ein unermüdlicher Zeichner, und von seinen Zeichnungen haben sich mehr erhalten als von irgendeinem anderen Maler der Renaissance. Die Zeichnungen sind es, die uns erlauben, dem kontinuierlichen Prozeß seines Wachstums als Künstler zu folgen, und in ihnen erscheinen die Versprechungen seiner Frühzeit im richtigen Verhältnis zu seiner Reife.« Außerdem hängt die Bedeutung der Skizzen und Zeichnungen mit dem für Leonardo wissenschaftlich und künstlerisch zentralen Konzept der »Erfahrung« zusammen. Erfahrung beruht für Leonardo zu einem großen Teil auf skizzierten und gezeichneten, nicht notwendigerweise *gemalten* Gegenständen und Personen.

[10] Unter »Partialtrieb« versteht Freud libidinöse und aggressive Triebregungen, die später unter dem »Primat der Genitalität« zusammengefaßt bzw. vereinheitlicht werden. Sie werden in diesem Prozeß entweder verdrängt oder in die genitale Sexualität integriert. Auf die Problematik, ob man die kindliche »Wißbegierde« bzw. den kindlichen »Forschertrieb« (Freud, 1019, S. 104f.) tatsächlich als Partialtrieb bezeichnen kann, ob es sich dabei gegebenenfalls um unterschiedliche Phänomene handelt, sowie auf die Problematik der kindlichen Sexualforschung insgesamt kann an dieser Stelle nicht näher eingegangen werden. Im übrigen bleiben sie auch in Freuds Leonardo-Essay ambig, um nicht zu sagen unklar. So schreibt Freud beispielsweise, daß »Sexualverdrängung« zwar eintritt, »aber es gelingt ihr nicht, einen Partialtrieb der Sexuallust ins Unbewußte zu weisen, sondern die Libido entzieht sich dem Schicksal der Verdrängung, indem sie sich von Anfang an in Wißbegierde sublimiert und sich zu dem kräftigen Forschertrieb als Verstärkung schlägt« (S. 106, vgl. a.u.). Diese Formulierung legt nahe, daß Freud zwischen einem gewissermaßen autonomen Forscher-

Sexualforschung verfällt, Freud zufolge, weitgehend der Verdrängung:

> Wenn die Periode der infantilen Sexualforschung durch einen Schub energischer Sexualverdrängung abgeschlossen worden ist, leiten sich für das weitere Schicksal des Forschertriebes drei verschiedene Möglichkeiten ab. (Freud, 1910, S. 106)

Bei diesen drei Möglichkeiten handelt es sich um (a) neurotische Denkhemmung, (b) neurotischen Denkzwang, »Grübelzwang« (S. 106), und (c) Sublimierung. Leonardos »Hemmung« resultiert nun interessanterweise daraus, daß Leonardo unter diesen drei von Freud geschilderten Möglichkeiten die gewissermaßen »reifste« Stufe, die der »Sublimierung« (S. 107), erreicht hat. Bemerkenswert ist die Betonung der »Hemmung« Leonardos deshalb, weil Freud selbst darauf hinweist, daß das Individuum im Falle der Sublimierung der »Denkhemmung« und damit zugleich der »Neurose« entgehe und der Trieb sich »frei im Dienste des intellektuellen Interesses« betätigen könne (ebd.).

Der Stellenwert der Sublimierung wird damit unklar. Einerseits spricht Freud davon, daß die infantile Sexualforschung »durch einen Schub energischer Sexual*verdrängung* abgeschlossen« werde (S. 106; Herv. M. C.). Andererseits relativiert er, daß die Sexualverdrängung zwar eintrete, ein »Partialtrieb der Sexuallust« aber nicht verdrängt werde. Vielmehr entziehe die Libido »sich dem Schicksal der Verdrängung, indem sie sich von Anbeginn an in Wißbegierde sublimiert« (ebd.). Später erwähnt Freud unter den »Eigentümlichkeiten« Leonardos, die von der Psychoanalyse nicht mehr aufgeklärt werden können, »seine ganz besondere Neigung zu Triebverdrängungen und seine außerordentliche Fähigkeit zur Sublimierung der primitiven Triebe« (S. 157). Da sie von der Psychoanalyse nicht mehr aufgeklärt werden kann, bleibt diese »besondere Neigung« Leonardos zur Triebverdrängung, ebenso wie seine »außerordentliche Fähigkeit zur Sublimierung«, eine Setzung Freuds, die gewissermaßen von außen in die Argumentation eingeführt wird. Wir können hier feststellen, daß Freud

---

trieb und einer in Wißbegierde sublimierten kindlichen Sexualforschung unterscheidet. Damit taucht aber die Frage auf, weshalb Freud bei dem kindlichen Interesse an »Forschung« wiederum von einem »Trieb« spricht. Wesentlich für unsere Zwecke ist hier freilich nur, daß Freud davon ausgeht, daß dieser Partialtrieb der kindlichen Sexualforschung in ein kognitives Interesse *sublimiert* wird. Im übrigen werde ich im letzten Teil dieser Arbeit der Frage nachgehen, wie weit es notwendig ist, von einem autonomen (das heißt nicht *direkt* triebbedingten) Funktionskreis des Neugier- und Explorationsverhaltens auszugehen, in dem sich die *Kreativität* des Subjekts äußert.

von Anfang an eine zweifache Charakterisierung Leonardos vornimmt: Einerseits ist er als Künstler und Intellektueller zu hoher Sublimierung seiner Triebe befähigt, andererseits wird er qua Verdrängung in die Nähe der Neurose gerückt. Man darf sich an dieser Stelle fragen, ob Freud damit nicht ein Künstlerklischee reproduziert, mit dem auch zahllose andere Künstler belegt wurden: der Künstler als Geistesgröße und Neurotiker zugleich.

Im Anschluß daran entwirft Freud Konsequenzen für das Schicksal des »Forschertriebs«, in denen der Aspekt der Verdrängung erneut aufgegriffen wird:

> Der Sexualverdrängung, die ihn [den »Forschertrieb«, M. C.] durch den Zuschuß von sublimierter Libido so stark gemacht hat, trägt er noch Rechnung, indem er die Beschäftigung mit sexuellen Themen vermeidet. (Freud, 1910, S. 107)

Womit haben wir es also zu tun: Sublimierung oder Verdrängung, freie Entfaltung des Triebes im »Dienste des intellektuellen Interesses« oder Vermeidung? Schon zu Beginn bleiben wichtige Fragen offen. Zudem spricht Freud an dieser Stelle noch vom »Zuschuß von sublimierter Libido« zum Partialtrieb der kindlichen Sexualforschung. Im folgenden Abschnitt verallgemeinert Freud jedoch diesen Gedanken:

> Daß es ihm [Leonardo; M. C.] nach infantiler Betätigung der Wißbegierde im Dienste sexueller Interessen dann gelungen ist, den *größeren Anteil seiner Libido* in Forscherdrang zu sublimieren, das wäre *der Kern und das Geheimnis seines Wesens*. (Ebd.; Herv. M. C.)

Wir werden sehen, daß Freud mit dieser These seine nächste These vorbereitet und zu untermauern versucht, Sexualität habe im Leben Leonardos kaum eine Rolle gespielt.

Es handelt sich hier um eine meines Erachtens kaum diskutierte »Schaltstelle« in Freuds psychoanalytischer Argumentation. Sie postuliert, ein Partialtrieb, nämlich die infantile Sexualforschung, werde durch seine Sublimierung von der »Beschäftigung mit sexuellen Themen« abgehalten – und zwar, indem der Trieb der Sexualverdrängung »Rechnung« trägt. Diese Unterstellung erscheint fragwürdig und bedürfte einer längeren Untersuchung, die hier nur angedeutet werden kann. Die Frage müßte meines Erachtens umgekehrt gestellt werden: Warum sollte ein sublimierter Partialtrieb sich nicht auch, eben in sublimierter Form, auf sexuelle Themen richten können? Freud selbst wäre ein gutes Beispiel dafür, war er doch gewissermaßen ein wissenschaftlicher Erotomane. Wir werden später, im Rahmen der empirischen Überprüfung der Freudschen Thesen, noch einmal auf dieses Problem zurückkommen und überprüfen, in welcher Weise Leonardo sich mit sexuellen Themen beschäftigt hat.

Wenig plausibel ist auch Freuds weitere Behauptung, daß die Sublimierung in »Wißbegierde« bei Leonardo so umfassend war, daß sie den »größeren Anteil seiner Libido in Forscherdrang« sublimierte (S. 107) und damit gleichzeitig seine sexuellen und künstlerischen Aktivitäten hemmte. Theoretisch wäre dieser Fall zwar denkbar, etwa wenn die Befriedigung, die aus der sublimierten Tätigkeit bezogen wird, so intensiv ist, daß sie den »größeren Anteil« der Libido auf sich zieht. Dies bedürfte jedoch einer besonderen Begründung, auf die Freud verzichtet. Mehr als die These vom »übermächtig« gewordenen Forschertrieb vermag Freud nicht anzuführen. Leonardos Leben – mit seinen vielfältigen künstlerischen, wissenschaftlichen, technischen und sozialen Interessen – entspricht freilich nicht dem Bild eines Menschen, der sich vorwiegend oder ausschließlich der Forschung widmete.

Damit erweist sich ein Eckpfeiler der Freudschen Argumentation als brüchig. Freud hat nicht nur Mühe, den Sachverhalt einer Hemmung Leonardos empirisch nachzuweisen, auch seine theoretische Begründung ist wenig überzeugend. Vielmehr drängt sich mir an dieser Stelle der Eindruck einer zirkulären Argumentation Freuds auf: Da Leonardo gehemmt sein soll, muß es auch psychoanalytische Argumente geben, die diese Hemmung erklären. Diese Überlegungen sind auch deshalb zentral, weil Freud ja nachweisen will, daß Leonardo nicht nur eine sexuell, sondern auch *künstlerisch* gehemmte Persönlichkeit war – in dem erörterten Sinne, daß durch den »übermächtig« gewordenen Forschertrieb der »Zusammenhang mit den Anforderungen seiner Kunst« zerriß (Freud, 1910, S. 103) und der Forschertrieb am Ende die Kunst »unterdrückt« (S. 91).

An dieser Stelle möchte ich auf eine weitere Eigentümlichkeit der Freudschen Argumentation hinweisen. Mit Forschertrieb bzw. Wißbegierde meint Freud den Wunsch, wissen zu wollen, »woher die Kinder kämen und was der Vater mit ihrer Entstehung zu tun habe« (S. 118). Nun würde es bei der Schilderung der Entwicklungsgeschichte eines *Malers* naheliegen, auch auf einen anderen (präödipalen) Partialtrieb einzugehen: auf den kindlichen Voyeurismus, die »Schaulust«. Freud erwähnt die »intensive Schaulust als erotische Triebbetätigung« zwar im Zusammenhang der kindlichen Sexualphantasie vom mütterlichen Penis (S. 121). Über ihr Schicksal in Leonardos Fall erfahren wir jedoch nichts. Lediglich gegen Schluß seiner Arbeit bemerkt Freud, auch hier ohne weitere Begründung, daß »Schau- und Wißtrieb« durch die frühkindlichen Eindrücke »am stärksten erregt« wurden (S. 153).

Diese Leerstelle ist auffällig. Wurde die Schaulust bei Leonardo verdrängt oder sublimiert? Daß sie verdrängt wurde, wäre im Fall eines zukünftigen Malers eigentümlich. Wenn sie aber diesem Schicksal entging, müßte man sich fragen, warum gerade sie, die ja ein Teil der erotischen Beziehung zur Mutter ist, nicht zusammen mit anderen Anteilen dieser Beziehung verdrängt wurde. Wurde sie jedoch sublimiert, dann könnte man sich fragen, warum sie nicht ähnlich übermächtig wird wie die Wißbegierde. Selbst wenn man – in Widerspruch zur eindeutigen Textlage bei Freud – unter Leonardos Wißbegierde beides versteht, sublimierten Forschertrieb *und* sublimierte Schaulust, ändert sich die Problematik kaum: Die Frage nach dem Triebschicksal der Schaulust und ihrer Bedeutung für Leonardo bleibt offen. Dabei könnte die Schaulust, triebdynamisch gesehen, eine Art Gegengewicht zu dem »übermächtigen« Forschertrieb darstellen: Ihre Berücksichtigung könnte eine ausgewogenere Triebstruktur hervortreten lassen – eine Perspektive, die der Persönlichkeit Leonardos mehr entspräche als Freuds einseitige Betonung des vom Forscher »gehemmten« Malers.

In diesem Zusammenhang möchte ich noch einmal auf Freuds Vortragsfassung des Leonardo-Textes eingehen. Darin versuchte er es zunächst mit einem anderen Erklärungsansatz, wobei sich deutlicher noch als in der Fassung des Essays zeigt, daß Freud die künstlerische »Hemmung« Leonardos theoretisch nicht begründen konnte, so daß sie Behauptung blieb. In der Vortragsfassung entwickelte Freud eine Argumentation, mit der er zwar das Problem der »Hemmung« (auch der sexuellen) scheinbar mit einem Schlag löste, allerdings um den Preis einer weiteren Verwirrung. Diese Stelle der Vortragsfassung möchte ich etwas ausführlicher zitieren, weil sie zeigt, in welchem Dilemma sich Freud bei der Abfassung des Essays befinden mußte:

> Für Leonardo war der erste und bedeutsamste Anlaß zum Grübeln, warum er keinen Vater habe wie andere Kinder. Aus dieser Situation entspringt sein Drang zum Forschen und Grübeln, er hat mit der ihm eigenen ungeheuren Fähigkeit seine Libido in Forschertrieb übersetzt in der frühesten Kindheit, und so blieb es. Damit war der größte Teil seiner sexuellen Aktivität für alle Zeiten erschöpft.

21

Diese erste Forschung des Kindes mußte natürlich infolge seiner unzulänglichen Erkenntnisfähigkeit mißlingen. Das Unfertigwerden dieser ersten Forschung hinterläßt eine lähmende Lücke fürs ganze Leben. Das Nichtfertigwerden der späteren Werke Leonardos ist das infantile Stigma und macht uns wahrscheinlich, daß sein Forschen tatsächlich auf diese Dinge aus seiner ersten Fixierung auf die Mutter hervorgegangen ist. (Nunberg und Federn, 1977, S. 310)

Freuds Argumentation besagt hier, daß Leonardo nicht nur sexuell und künstlerisch, sondern *auch in seiner wissenschaftlichen Tätigkeit* die »lähmende Wirkung« seiner mißlungenen frühkindlichen Forschung erfuhr und also auch das »Nichtfertigwerden« seiner späteren Werke. Damit würde es ihm, zumindest im späteren Leben, tatsächlich an »Aktivität ... vollkommen« mangeln (Nunberg und Federn, 1977, S. 307) – eine Absurdität, die offenbar keinem der Teilnehmer der Mittwochsrunde auffiel. Beim Abfassen des Essays dürfte Freud deutlich geworden sein, daß diese Sicht unhaltbar war. In einem Brief an Jung schreibt Freud, daß ihm sein Vortrag nicht gefallen habe, daß er jetzt aber etwas Ruhe von seiner »Obsession« habe (zit. nach Gay, 1989, S. 311). Ein Teil dieser Obsession scheint gewesen zu sein, Leonardo unbedingt eine umfassende Hemmung – sexuell, künstlerisch und wissenschaftlich – nachzuweisen. Es drängt sich mittlerweile förmlich auf, Gründe dafür auch in Freuds persönlichen Konflikten zu suchen. Darauf werde ich später zurückkommen.

Kehren wir zurück zum Text von Freuds Essay. Selbst wenn man Freud zugesteht, daß es Leonardos Sublimierung in Gestalt eines übermächtigen Forschertriebs gelang, »den größeren Teil seiner Libido« auf sich zu ziehen (Freud, 1910, S. 107), bleibt immer noch das theoretische Problem, wie die wissenschaftliche die künstlerische Sublimierung unterdrücken soll. Um an dieser Stelle vorzugreifen: Aus der Sicht neuerer Kreativitätstheorien wäre die Klärung dieses Punktes von besonderem Interesse, denn sie gehen in der Regel davon aus, daß kreative Menschen, besonders in Krisenzeiten, von der einen zur anderen Form von Kreativität wechseln können.

Hemmung und Regression

Auf das theoretisch knifflige Problem, wie eine Sublimierung die andere bzw. wie der Forscher den Künstler »am Ende unterdrückt« (Freud, 1910, S. 91), kommt Freud erst zum Schluß seines Essays (im VI. und letzten Kapitel) noch einmal zurück. Dabei greift er auf den Begriff der Regression[11] zurück:

> Langsam vollzieht sich nun bei ihm ein Vorgang, den man nur den Regressionen bei Neurotikern an die Seite stellen kann. Die Pubertätsentfaltung seines Wesens zum Künstler wird durch die frühinfantil bedingte zum Forscher überholt, die zweite Sublimierung seiner erotischen Triebe tritt gegen die uranfängliche, bei der ersten Verdrängung vorbereitete zurück. Er wird zum Forscher, zuerst noch im Dienste seiner Kunst, später unabhängig von ihr. (Freud, 1910, S. 155)

Auch an dieser Stelle fällt wieder die Verbindung von Verdrängung und Sublimierung auf, zugleich wird deutlich: Freud versucht, die mit dem Begriff der »Sublimierung« aufgeworfenen Probleme dadurch zu lösen, daß er sie auf einen späteren lebensgeschichtlichen Zeitpunkt verschiebt, auf das Einsetzen eines Regressionsprozesses im fortgeschrittenen Alter Leonardos.

Auch für diesen Regressionsprozeß kann ich bei Freud keine überzeugende Begründung finden.[12] Freud weist lediglich darauf hin, daß sich »diese regressive Ersetzung« mit dem Verlust seines Gönners Lodovico Sforza *verstärkt* habe (1910, S. 155). Sicht man einmal davon ab, daß Leonardo auch später immer wieder »Gönner« fand (zuletzt Franz I von Frankreich), so wird hier deutlich, daß das Konzept der »Regression« *eingeführt werden muß, um das Manifestwerden der Hemmung zu begründen*. Gäbe es diese »Regression« nicht, dann fiele Freuds Hemmungsthese in sich zusammen: Da Freud nicht begründen kann, daß Leonardo

---

[11] Laplanche und Pontalis (1972, S. 436) erläutern ihn knapp: »Zeitlich gesehen setzt die Regression eine genetische Reihenfolge voraus und bezeichnet die Rückkehr des Subjekts zu Etappen, die in seiner Entwicklung bereits überschritten sind (libidinöse Stufen, Objektbeziehungen, Identifizierungen).«

[12] Den einzigen, allerdings schwachen Hinweis auf diese Frage finde ich in Freuds eigener Selbstdarstellung. Hier spricht Freud nicht nur von seiner eigenen »Wißbegierde« (Freud, 1925, S. 34), sondern auch von seiner »regressiven Entwicklung« im Alter, zurück zu jenen »kulturellen Problemen«, die ihn in seiner Jugend »gefesselt« hatten (S. 32).

in seinen früheren Jahren (etwa bis zum Alter von 45 Jahren) künstlerisch gehemmt ist, benötigt er das Konzept der »Regression«, um den Beginn der Hemmung zu plausibilisieren. Ohne Leonardos »Regression« wäre gewissermaßen das ganze Unterfangen des Essays, seine sexuelle und künstlerische Hemmung aufzuzeigen, in einem wesentlichen Punkt, nämlich in Bezug auf die *künstlerische* Hemmung, gescheitert.

Das Konzept der Regression ist somit eine weitere wichtige Weichenstellung in Freuds Arbeit, denn nur damit kann Leonardos »Hemmung« zumindest theoretisch plausibel gemacht werden. Allerdings fallen damit Arbeiten, die für das künstlerische Werk Leonardos zentral sind – etwa die *Mona Lisa*, die *Heilige Maria Selbdritt*, der *Bacchus* und der *Heilige Johannes* – in die Zeit von Leonardos »Regression« und »Hemmung«.

Selbst Eissler, der bei aller Kritik im Detail letztlich versucht, Freuds Leonardo-Studie zu retten, verweigert Freud an dieser Stelle die Gefolgschaft. In Übereinstimmung mit Clark (2000) sieht Eissler gerade in der Zeit *nach* dem Sturz Lodovico Sforzas, das heißt nach Leonardos Rückkehr nach Florenz im Jahr 1500, eine Phase gesteigerter künstlerischer Produktivität. Eissler (1994, S. 124) schreibt: »Die Niederlage Lodovicos bedeutete einen starken Anreiz für Leonardos Kreativität.« Anschließend faßt er zusammen: »Auf jeden Fall kann festgehalten werden, daß Leonardo in seiner künstlerischen Kreativität zeitweilig gehemmt gewesen ist ...« (S. 125) Daß ein Künstler »zeitweilig« in seiner Kreativität gehemmt ist, dürfte geradezu der Normalfall sein. Eissler scheint aber zu übersehen, daß er damit einen Eckpfeiler der Freudschen Hemmungsthese zu Fall bringt. Wenn Leonardo nach dem Sturz Lodovicos eine Zeit *gesteigerter* Kreativität erlebte, kann nicht zugleich eine *Regression* mit der Folge einer *gehemmten* Kreativität vorliegen.

Die Konsequenz aus Freuds Überlegungen ist, daß Leonardos künstlerische Tätigkeit, zumindest seine spätere, deutlich in den Umkreis der Neurose gerückt wird, obwohl sein »Triebschicksal« ja zunächst Sublimierung, das heißt »freie« Betätigung des Triebs »im Dienste des intellektuellen Interesses« war (Freud, 1910, S. 106f.). Dabei geht Freud, wie wir sahen, davon aus, daß eine Sublimierung die andere auf neurotische Weise hemmt. Eine andere Möglichkeit zieht er nicht in Betracht. Möglich wäre aber auch, daß zwei Sublimierungen – im Falle Leonardos die wissenschaftliche und die künstlerische – parallel verlaufen können und daß es sich um eine Frage der »Energieverteilung« zwischen diesen beiden Sublimierungsformen handelt.

Angesichts der Komplikationen, die sich aus Freuds Changieren zwischen Sublimierung und Verdrängung, Hemmung und Regression ergeben, schlage ich deshalb vor, im Sinne der »ökonomischen« Betrachtungsweise der Triebdynamik das Modell der Verteilung der Triebenergie heranzuziehen. Aus der Perspektive dieses sicherlich vereinfachten, dafür aber überschaubaren und heuristisch fruchtbaren Modells könnte die Triebdynamik Leonardos so verstanden werden, daß es Energieverteilungskonflikte zwischen den Anteilen sublimierter Triebenergie (künstlerische und wissenschaftliche Betätigung), darüber hinaus auch unsublimierter sexueller Energie (ob homo- oder heterosexuell sei im Augenblick dahingestellt) gab.[13] Zugleich habe ich den Eindruck, daß Freud mit seiner Vorstellung, daß eine Sublimierung die andere hemme, das Phänomen künstlerischer und wissenschaftlicher Kreativität mißverstanden hat. Gegen Freud möchte ich die These vertreten, daß es – ein letztlich begrenztes Potential psychischer Energie unterstellt – gewissermaßen Synergieeffekte zwischen künstlerischer und wissenschaftlicher Sublimierung bzw. Kreativität geben kann. So war Leonardo nicht nur Maler, sondern zugleich auch *Philosoph* der Malerei. Seine Position in dieser Frage könnte man mit Chastel (1990, S. 102) zusammenfassen: »Malen heißt Denken.«

Die Problemstellung verschiebt sich damit. Ich gehe nicht davon aus, daß sich Sublimierungen gegenseitig hemmen, sondern daß störende Einflüsse oder Konflikte aus anderen psychischen Bereichen die Entfaltung des Sublimierungspotentials hemmen. Außerdem dürfte es so sein, wie auch Freud später feststellen wird, daß das Vorhandensein *unsublimierter sexueller und aggressiver* Energie selbst *eine Voraussetzung* dafür ist, daß sich das Sublimierungspotential entfaltet. Insbesondere künstlerische Kreativität entfaltet sich im Spannungsfeld von *Eros* und *Thanatos*. Auf das Problem der Sublimierungsvorgänge, die mit künstlerischer Kreati-

---

[13] Ich würde dieses Energieverteilungsmodell nicht im Sinne eines strikten Nullsummenspiels begreifen, wohl aber davon ausgehen, daß psychische Energie nicht unbegrenzt zur Verfügung steht, es somit in diesem Sinne tatsächlich Energieverteilungsprobleme geben kann. Leonardo scheint sich dieses Problems selbst bewußt gewesen zu sein. So notierte er: »Ganz wie ein Königreich in sein Verderben läuft, wenn es sich teilt, so verwirrt und schwächt sich der Geist, der sich mit zu vielen verschiedenen Themen beschäftigt.« (Zit. nach Bramly, 2000, S. 461) Auch Collins kommt mehrfach auf das Problem der Energieverteilung der Libido zu sprechen (vgl. Collins, 1997, S. 9, S. 124), ohne es jedoch systematisch auf den Ansatz von Freud zu beziehen.

vität verbunden sind, werde ich am Schluß dieser Untersuchung noch näher eingehen. Dort werde ich ausführlich zeigen, daß der Begriff der Sublimierung, wie Freud ihn in seinem Leonardo-Essay verwendet, für das Verständnis künstlerischer und wissenschaftlicher Kreativität letztlich unbrauchbar ist.

Wie wir bereits sahen, hebt Freud hervor, daß es Leonardo insbesondere im Alter schwerfiel, seine Bilder zu beenden, und daß sein Interesse an Forschung im Alter zunahm: »Die Langsamkeit, die an Leonardos Arbeiten von jeher auffiel, erweist sich als ein Symptom dieser Hemmung, als der Vorbote der Abwendung von der Malerei, die später eintrat.« (Freud, 1910, S. 95) Würde man anstelle der Konzepte der Hemmung und der Regression das Modell der Energieverteilung zugrundelegen, käme man zu der Schlußfolgerung, daß es bei Leonardo mit zunehmendem Alter zur Umverteilung psychischer Energie zugunsten einer der beiden sublimierten Triebenergien, das heißt zugunsten der Forschung – und, so möchte ich hinzufügen, zugunsten zahlreicher andrer Aktivitäten – kam. Für beide Betrachtungsweisen (Konzept der Hemmung und Regression oder der Energieverteilung) würde sich jedoch gleichermaßen die Frage stellen, warum es gerade im Alter zu dieser Verschiebung kam. Meines Erachtens ist diese Frage mit psychoanalytischen Mitteln allein nicht zu beantworten (auch Freud konnte mit dem Konzept der Regression keine befriedigende Antwort geben). Vielmehr könnte hier eine Schnittstelle zwischen psychoanalytischer und kunsthistorischer Untersuchung vorliegen.

Dabei kann sich eine erste Überlegung auf die Darstellung Mereschkowskis (1903) beziehen, die in der Regel historisch gut belegt ist, darüber hinaus erstaunliche psychologische Intuition zeigt und die in der Grundtendenz auch von Bramly (2000) vertreten wird. Ihr zufolge läßt sich vermuten, daß es nicht zuletzt aufgrund der langsamen Arbeitsweise und der wissenschaftlichen Interessen Leonardos, seiner Arbeit an kriegstechnischen und -strategischen Aufgaben, der Konkurrenz durch Michelangelo und Raffael etc. zu einer wechselseitig bedingten Entfremdung zwischen Leonardo und wichtigen potentiellen Mäzenen, etwa dem Papst oder der Signoria von Florenz, kam. Vereinfacht würde dieses Argument also lauten, daß Leonardo viele – aber nicht alle – seiner Mäzene verlor, weil diese ihm nicht mehr zutrauten, einen Auftrag rechtzeitig oder überhaupt auszuführen. Für Leonardo war das, sieht man einmal von finanziellen Erwägungen ab, psychisch kein allzu schwerwiegendes Problem, weil er aufgrund seiner spezifischen Sublimierungsstruktur relativ leicht von dem einen in das andere Terrain wechseln konnte. Das Verhältnis Leonardos zu seinen Mäzenen und Gönnern wäre einer gesonderten, auch psychoanalytischen Betrachtung wert. Freud geht nicht näher darauf ein. Obwohl Leonardo häufig potentielle und faktische Mäzene verprellte (Soderini, Isabella d'Este etc.), gelang es ihm immer wieder, Mäzene zu finden, die ihn in seiner künstlerischen wie wissenschaftlichen Arbeit unterstützen (Lodovico Sforza, Charles d'Amboise, der Statthalter Ludwigs XII in Mailand, Ludwig XII selbst, Guiliano de' Medici, der Bruder von Leo X, Franz I). Meiner Einschätzung nach handelte es sich zumeist um enge persönliche Beziehungen, so als hätte Leonardo – wie auch Freud betont – gewissermaßen Vaterfiguren gesucht.

Zwei weitere Argumente, die empirisch gegen die Vorstellung einer Hemmung sprechen, kommen hinzu. Zu berücksichtigen ist nämlich *erstens*, daß Leonardo bei Andrea del Verrocchio zunächst das Handwerk des Malens lernte und es hier schnell zu einer gewissen Meisterschaft brachte. Bekannt ist die geradezu archetypische Künstlerlegende – auch von Picasso und seinem Vater wird Ähnliches berichtet –, daß Verrocchio angeblich den Pinsel aus der Hand legte, als er sah, daß Leonardo ihn in seiner Kunstfertigkeit als Maler übertraf. Am Hofe Lodovicos, bei Cesare Borgia und bei Guiliano de' Medici wurde er dagegen zunehmend mit den unterschiedlichsten Arbeiten als Ingenieur betraut, die ihm ein regelmäßiges Einkommen sicherten. Damit reduzierte sich zwangsläufig die Zeit, die ihm zum Malen zur Verfügung stand. Darüber hinaus erforderten sie, daß er sich gewissermaßen autodidaktisch technische und naturwissenschaftliche Kenntnisse aneignete. Bekannt sind zum Beispiel Leonardos Bemühungen, seine zunächst bescheidenen mathematischen Kenntnisse zu erweitern. Ebenfalls in diesen Zusammenhang gehört Leonardos bereits erwähnte Vorliebe für spektakuläre und zeitaufwendige Projekte. Anders gesagt: Leonardo war nicht nur Künstler und Wissenschaftler, sondern auch Ingenieur und Handwerker. Malen wurde auf diese Weise mehr und mehr zu einer Art »Nebentätigkeit«.[14]

---

[14] Diese Kritik an Freuds Hemmungsthese ließe sich auch so formulieren, daß Freud seinen Essay aus der Perspektive eines Künstler-Mythos schrieb, der für die Renaissance nur begrenzte Gültigkeit besaß. Bereits die »Produktion« der Werkstatt Andrea del Verrocchios, in der Leonardo sein Handwerk erlernte, bestand nur zu einem kleinen Teil aus Bildern. Darüber hinaus wurden Truhen und Kulissen bemalt, kunstgewerbliche Gegenstände hergestellt, bedeutende Gußarbeiten angefertigt etc. Der Künst-

Zweitens ist ein von Freud herangezogenes Argument zur Unterstützung seiner Hemmungsthese zwiespältig, und zwar daß Leonardo viele seiner Werke nicht vollendet habe.[15] Dabei handelt es sich um die Sicht von Kollegen und Experten, letztlich auch von Leonardo selbst. Doch dieses Argument kann auch bedeuten, daß Leonardo seine Maßstäbe so hoch ansetzte, daß das »Scheitern«, die Nichtvollendung, zwangsläufig wurde.[16] Das hinderte die meisten seiner Zeitgenossen nicht daran, die künstlerische Meisterschaft Leonardos anzuerkennen. Wie hoch Leonardos eigene Ansprüche an die »göttliche Malerei« gesteckt waren, davon vermitteln seine Schriften zur Malerei einen Eindruck. Leonardo – und darin unterschied er sich von anderen Renaissance-Malern allenfalls in der Pointierung – war von der Gottähnlichkeit des Malers überzeugt. Der Maler kann »als Herr und Gott« schaffen, was er will, sein Geist ist ein »Abbild des göttlichen Geistes« (vgl. hierzu Chastel, 1990, S. 165ff.).

Psychoanalytisch gesehen würde ich auch in diesem Zusammenhang nicht von Hemmung, sondern wiederum, wie angesichts seiner hochfliegenden und gescheiterten wissenschaftlich-technischen Projekte, von Leonardos Narzißmus und Allmachtsphantasien sprechen. Dazu finden wir schon bei Mereschkowski (1903) eindrucksvolle Überlegungen. Freud ignoriert sie. Das Konzept des Narzißmus war für Freud, als er seinen Leonardo-Essay schrieb, noch marginal und sollte auch in seinen späteren Beschäftigungen mit Kunst und Künstlern keine Beachtung finden. Dagegen sieht Adorno in Allmachtsphantasien eine der wichtigsten *psychischen* Triebfedern des Künstlers. Er kritisiert zunächst die Anwendung psychoanalytischer Theorie auf Kunstwerke:

> Ihr gelten die Kunstwerke wesentlich als Projektionen des Unbewußten derer, die sie hervorgebracht haben, und sie vergißt die Formkategorien über der Hermeneutik der Stoffe, überträgt gleichsam die Banausie feinsinniger Ärzte auf das untauglichste Objekt, auf Lionardo oder Baudelaire. Das trotz aller Betonung des Sexus Spießbürgerliche ist daran zu demaskieren, daß durch die

---

ler der Renaissance war stets auch »Handwerker«.

[15] An dieser Ansicht wurde bereits bei der Vortragsfassung Zweifel geäußert. Im Protokoll des Mittwochskreises der Wiener Psychoanalytischen Vereinigung wird der Einwand von Max Graf vermerkt: »Es falle eine Verwandtschaft mit Michelangelo auf, der auch so vieles unvollendet ließ, allerdings aus anderen Gründen.« (Nunberg und Federn, 1977, S. 314)

[16] Picasso (1982, S. 9) vermerkt zu dieser Problematik: »Das schlimmste ist, es ist nie etwas abgeschlossen …«

einschlägigen Arbeiten, vielfach Ableger der biographischen Mode, Künstler, deren œuvre die Negativität des Daseienden ohne Zensur objektiviert, als Neurotiker abgekanzelt werden. (Adorno, 1972, S. 19)

Doch Adorno fügt später hinzu:

Hat Kunst psychoanalytische Wurzeln, dann die der Phantasie ... von Allmacht. In ihr ist aber auch der Wunsch am Werk, eine bessere Welt herzustellen. Das entbindet die gesamte Dialektik, während die Ansicht vom Kunstwerk als einer bloß subjektiven Sprache sie gar nicht erst erreicht. (S. 21f.)

Um seine Hemmungsthese zu unterstützen, zitiert Freud einen von Leonardos Schülern – und führt zugleich die ganze Zwiespältigkeit des Arguments vor:

Er schien jedesmal zu zittern, wenn er den Pinsel ansetzte, um zu malen, und doch vollendete er keines der Werke, die er unternahm, denn er hatte von der Kunst eine so erhabene Meinung, daß er Fehler fand, wo andere Wunderwerke erblickten. (Zit. nach Solmi, in Freud, 1910, S. 94)

Ähnlich urteilte im übrigen auch Vasari (1568) rund fünfzig Jahre später. Leonardo war kein Massenproduzent von Kunst (ähnlich wie Masaccio und Giorgione), er war Experimentator, Perfektionist und Maler-Philosoph. Dafür erscheinen uns heute seine Bilder als Werke von höchster Meisterschaft, so unvollendet Leonardo und viele seiner Zeitgenossen sie auch gesehen haben mögen. Freuds These ließe sich also *umkehren:* Daß Leonardo derartige Werke malte, war nicht der Hemmung abgetrotzt, *sondern gerade das Ergebnis dieser »Hemmung«.* Die »Hemmung«, genauer: Leonardos Perfektionismus, sein Anspruch an die »göttliche Malerei«, *wäre damit die Voraussetzung für die Einzigartigkeit seiner Bilder gewesen.* Ähnlich wie Adorno (1972, S. 18) vom »Fanatismus sprachlicher Durchbildung« bei Flaubert spricht, könnte man bei Leonardo von einem »Fanatismus« der ästhetischen Perfektion sprechen. Durch ästhetische Perfektion konnte Leonardo ein Gegenbild zu der von ihm mit Skepsis, teilweise Abscheu betrachteten Wirklichkeit entwerfen.

Ich möchte meine bisherigen Überlegungen zur angeblichen künstlerischen Hemmung Leonardos noch einmal zusammenfassen: Leonardo war in ästhetischer Hinsicht Perfektionist und hinterließ ein riesiges Werk an Zeichnungen und Skizzen. Er versuchte, den Gipfel des in seiner Zeit ästhetisch und technisch Machbaren zu erklimmen – und scheiterte häufig genug daran. Das verleiht Leonardo gewiß, wie Freud schreibt, »einen tragischen Zug des Mißglückens« (1910, S. 153), aber offensichtlich nicht durch »Hemmung«, sondern durch die Höhe der Ansprüche, die Leonardo an sich selbst stellte.

Leonardos »gehemmte« Homosexualität

Sexualität und Lebensgeschichte

Neben der künstlerischen betont Freud auch die *sexuelle Hemmung* Leonardos: »Man wird ihm auch von sexueller Aktivität kein hohes Maß zumuten dürfen.« (Freud, 1910, S. 100) Auffällig ist an dieser Stelle die etwas gespreizte Ausdrucksweise Freuds. Er bestreitet hier nicht generell Leonardos sexuelle Aktivität, sondern nur ein »hohes Maß« derselben. An anderer Stelle spricht Freud allerdings unumwunden von Leonardos »Frigidität« und zitiert in diesem Zusammenhang Leonardo: »»Der Zeugungsakt und alles was damit in Verbindung steht, ist so abscheulich, daß die Menschen bald aussterben würden, wäre es nicht eine althergebrachte Sitte und gäbe es nicht noch hübsche Gesichter und sinnliche Veranlagungen.‹« (S. 97) Freud fährt fort:

> Seine hinterlassenen Schriften ... sind in einem Grade keusch – man möchte sagen: abstinent –, der in einem Werke der schönen Literatur auch heute wundernehmen würde. Sie weichen allem Sexuellen so entschieden aus, als wäre allein der Eros, der alles Lebende erhält, kein würdiger Stoff für den Wissensdrang des Forschers. (Ebd.)[17]

Hierzu ist freilich anzumerken, daß die zitierte Äußerung Leonardos keine generelle Frigidität erkennen läßt, sondern nur eine Abneigung gegen die *heterosexuelle* Variante der Sexualität. Auch Freuds Hinweis auf Leonardos angebliche Tabuisierung der Sexualität trägt nicht weit. In der Re-

---

[17] An diesem Punkt polemisiert Eissler (1994) gegen Schapiro (1956). Er wirft ihm Spitzfindigkeit vor und unterstellt ihm, er habe Freud nicht genau gelesen. Freud habe nic behauptet, daß Leonardo generell sexuelle Themen vermeide, sondern habe dies nur auf Leonardos »Aufzeichnungen« bezogen (Eissler, 1994, S. 63). Den Vorwurf der Spitzfindigkeit und der selektiven Lektüre muß sich Eissler allerdings selbst gefallen lassen. Nach seiner Bemerkung über Leonardos »hinterlassene[n] Schriften«, die, wie zitiert, in hohem Maße »keusch« bzw. »abstinent« seien, fährt Freud fort: »Es ist bekannt, wie häufig große Künstler sich darin gefallen, ihre Phantasie in erotischen und selbst derb obszönen Darstellungen auszutoben; von Leonardo besitzen wir zum Gegensatze nur einige anatomische Zeichnungen über die inneren Genitalien des Weibes, die Lage der Frucht im Mutterleibe und dgl.« (Freud, 1910, S. 97) Eissler hat darin recht, daß es in der Tat erotische Darstellungen von Leonardos Hand gibt, seine Polemik gegen Schapiro entbehrt jedoch jeglicher Grundlage.

naissance wurde Homosexualität zwar weitgehend toleriert, doch sie war de jure strafbar. Wenn Leonardo in seinen Schriften Sexualität ausklammert, so kann dies auch bedeuten, daß er – nicht zuletzt vor dem Hintergrund der 1476 gegen ihn erhobenen Anklage wegen »Sodomie« (das heißt wegen Homosexualität) – sich nicht expressis verbis zu der von ihm bevorzugten, de jure aber verbotenen Form der Sexualität äußern wollte (vgl. Simons, 1997). Überzeugende Beweise dafür, daß Leonardo nur »ideell« homosexuell war (so Freud, 1910, S. 124), finden sich bei Freud nicht. Und was die Keuschheit und Abstinenz seiner hinterlassenen Dokumente anbelangt: viele seiner nicht für die Öffentlichkeit bestimmten Zeichnungen sprechen eine andere Sprache. Ich werde auf diesen Punkt zurückkommen.

Es ist erstaunlich, wie naiv – und offensichtlich konform mit Freud – psychoanalytisch orientierte Autoren die zitierte Bemerkung Leonardos über den Zeugungsakt interpretieren. Auch Eissler, der in zahlreichen Punkten Freud kritisiert, übernimmt ungeprüft Marie Bonapartes Meinung, daß in diesem Zitat Leonardos »Ekel vor der Sexualität« zum Ausdruck komme (Eissler, 1994, S. 113). Es ist in diesem Zusammenhang interessant zu sehen, wie unterschiedlich Leonardos Text von Psychoanalytikern interpretiert wird: Freud spricht von Leonardos »Frigidität«, Bonaparte und Eissler sprechen bereits von seinem »Ekel vor der Sexualität«. Ihre Sichtweise ist um so bemerkenswerter, als Freud sich auf eine Übersetzung des Leonardo-Zitats durch den zeitgenössischen Leonardo-Biographen Solmi (1908) bezieht, während Bonaparte und Eissler sich auf das Original Leonardos beziehen. Die Übersetzung dieses Zitats, die Eissler seiner Interpretation zugrundelegt, weicht besonders in einem Punkt erheblich von Solmis Übersetzung ab. In Eisslers Übersetzung spricht Leonardo nämlich von der »Häßlichkeit« des Zeugungsaktes, dem er die »Schönheit« der Gesichter und der Affekte der Zeugenden gegenüberstellt (Eissler, 1994, S. 113). Nebenbei sei hier bemerkt, daß sich Mereschkowski (1977, S. 445) offenbar ebenfalls auf Leonardos Originaltext bezieht: auch er spricht von Häßlichkeit versus Schönheit.

Es ist also nicht nachvollziehbar, wie Bonaparte und in ihrem Gefolge Eissler von Leonardos »Ekel vor der Sexualität« sprechen können. Leonardo verwendet explizit ästhetische Kategorien, keine psychologischen oder moralischen. In diesen Zusammenhang gehört schließlich auch Eisslers »These« (er spricht nicht etwa von einer Spekulation oder Phantasie), Leonardos »bildliche[s] Darstellen« sei eine »Überbesetzung aus der Abwehr gegen die Masturbation« (Eissler, 1994, S. 116). Derartige interpretative Schnellschüsse (Eisslers Goethe-Studie ist ein weiteres Beispiel dieser Neigung) sind leider geeignet, das Projekt einer psychoanalytischen Biographik in Mißkredit zu bringen.

Kehren wir zurück zu Freuds Argumentation. Freuds bisherige Überlegungen zur Hemmung Leonardos waren vorwiegend theoretisch-allgemeiner Natur (etwa die Annahme, daß Leonardos kindliche Sexualforschung durch Sublimierung zu einer Verstärkung seines Wissensdrangs führte bzw. der »größere Teil« seiner Libido in Wissensdrang sublimiert wurde). Unterstützt wurden sie durch Freuds Einschätzung des Verhältnisses von Künstler und Forscher bei Leonardo. Dies würde schwerlich den Kriterien einer psychoanalytischen Betrachtung genügen. Freud muß deshalb spezifische Bedingungen aus der Lebensgeschichte Leonardos, insbesondere aus dessen Kindheit, heranziehen, um die Genese von Leonardos sexueller Hemmung, im weiteren auch von dessen Homosexualität zu erklären oder zumindest plausibel zu machen. Freud ist sich der Lücke in seiner Argumentation durchaus bewußt und schreibt im Hinblick auf seine These von der Sublimierung der kindlichen Sexualforschung in »Forscherdrang«:

> Aber freilich der Beweis für diese Auffassung ist nicht leicht zu erbringen. Wir bedürften hierzu eines Einblickes in die seelische Entwicklung seiner ersten Kinderjahre, und es erscheint töricht, auf solches Material zu hoffen, wenn die Nachrichten über sein Leben so spärlich und so unsicher sind. (Freud, 1910, S. 107)

Im Verlauf seiner weiteren Untersuchung verfolgt Freud gewissermaßen eine Doppelstrategie. *Zum einen* untersucht Freud Leonardos Beziehung zu seinem Vater. Daß Leonardos Forscherdrang und Wißbegierde nicht unterdrückt und verdrängt, sondern sublimiert wurden, führt Freud auf die anfängliche Abwesenheit seines leiblichen Vaters zurück. Diese Konstellation habe den jungen Leonardo nicht nur vor väterlicher Sexualunterdrückung bewahrt, sondern ihn auch, mehr als andere Kinder, vor das Rätsel gestellt, woher die Kinder kommen und was der Vater damit zu tun habe:

> Unter den Wirkungen dieser Konstellation kann es nicht gefehlt haben, daß das Kind, welches in seinem jungen Leben ein Problem mehr vorfand als andere Kinder, mit besonderer Leidenschaft über dieses Rätsel zu grübeln begann und so frühzeitig ein Forscher wurde, den die großen Fragen quälten,

woher die Kinder kämen und was der Vater mit ihrer Entstehung zu tun habe. (Freud, 1910, S. 117f.)[18]

Meines Erachtens ist dies das einzige, für die Person Leonardo spezifische Argument, mit dem Freud die besondere Ausprägung von Leonardos »Wißbegierde« begründet. Überdies werden wir sehen, daß Freud auch in den späteren Entwicklungsphasen Leonardos, das heißt in der Latenzphase und in der Pubertät, dem Vater erhebliche Bedeutung beimißt, insbesondere für Leonardos Entwicklung als Maler. Gleichwohl spielt in den meisten Untersuchungen, die sich mit Freuds Essay beschäftigen, Leonardos Beziehung zu seinem Vater eher eine marginale Rolle, obwohl Freud dessen Bedeutung für Leonardos künstlerische Entwicklung klar hervorhebt.

Zum anderen untersucht Freud die Dauer und die emotionale Struktur der Beziehung zwischen dem jungen Leonardo und seiner »einsamen« von Leonardos Vater verlassenen Mutter Caterina. Die angebliche Tatsache einer drei bis fünf Jahre dauernden zärtlichen Beziehung Leonardos zu seiner Mutter ist, aus Freuds Sicht, für die Genese seiner Homosexualität entscheidend, für die Entwicklung der »Wißbegierde« wird sie aber per se nicht herangezogen. So führt diese Linie der Untersuchung Freud zunächst weg vom Problem der Hemmung und hin zur Genese von Leonardos Homosexualität – sie bleibt aber gleichwohl verschränkt mit dem Problem der Hemmung. Wir werden sehen, daß diese beiden Argumentationslinien nicht ohne weiteres kompatibel sind und gelegentlich in Widerspruch zueinander geraten, insbesondere deshalb, weil Freud gezwungen ist, im Rahmen der Homosexualität auf einen »energischen« Verdrängungsschub zurückzugreifen.

Die Mutter und die »Geierphantasie«

Leonardo ist *homosexuell*, aber auch dies, so Freud, nur in einer *gehemmten* Variante. Seine Homosexualität bleibe mehr oder weniger latent, »ideell« bzw. »sublimiert« (Freud, 1910, S. 124). Diese Neigung Leonardos versucht Freud, mit Hilfe der Genese eines spezifischen Typs von Homosexualität verständlich zu machen, die auf einer ursprünglich besonders en-

---

[18] Es ist auffällig, daß Freud diesen Gedanken erst sehr viel später entwickelt, nämlich gegen Ende des II. Kapitels, das heißt zehn Seiten nach den Überlegungen, in denen er sich mit den Problemen der Verdrängung bzw. Sublimierung der kindlichen Sexualforschung und ihrer Bedeutung für Leonardos Entwicklung beschäftigt.

gen Bindung des Knaben an die Mutter und einer späteren Verdrängung dieser Bindung beruht. Im Zentrum dieses Teils der Freudschen Argumentation muß so zwangsläufig die Rekonstruktion der Beziehung Leonardos zu seiner Mutter stehen, wobei er auch hier auf das bereits erwähnte Problem der spärlichen und unsicheren »Nachrichten« stößt, die Auskunft über die »seelische Entwicklung« Leonardos geben könnten (S. 107).

Freud geht davon aus, daß Caterina, die Mutter Leonardos, nach Leonardos Geburt längere Zeit unverheiratet und mit ihrem unehelichen Kind allein blieb. Caterina lebte mit ihrem Sohn in dem Weiler Anchiano bei Vinci in der Umgebung von Florenz, während Leonardos Vater, Ser Piero da Vinci, vermutlich seit 1452, dem Geburtsjahr Leonardos, in Florenz lebte.[19] Ser Piero heiratete eine junge, vornehme Florentinerin namens Donna Albiera, und er machte in Florenz rasch Karriere, was kaum möglich gewesen wäre, wenn er weiterhin in Vinci gewohnt hätte. Er wurde ein angesehener Anwalt und Notar, der nicht zuletzt für die Signoria von Florenz tätig war. Für Caterina waren es, in Freuds Worten, »Jahre von Enttäuschung«, Jahre, die Leonardo mit der »armen, echten, verlassenen Mutter« verbrachte (Freud, 1910, S. 117). Es ist nicht unwichtig zu wissen, daß sich die pathetischen Töne, die Freud hier anschlägt, auf keine Belege stützen können. Auch auf die Darstellung Mereschkowskis, den Freud in seinem Essay mehrfach erwähnt, kann er sich dabei nicht beziehen: »Die Mutter kommt in der Lebensgeschichte Leonardos nicht mehr vor, nur der Dichter Mereschkowski glaubt, ihre Spur nachweisen zu können.« (Freud, 1910, S. 107) Mehr als eine »Spur« wird von Mereschkowski (1903) tatsächlich nicht gezeigt.

Das zentrale und aus psychoanalytischer Sicht notwendige empirische Belegstück, das Freud für seine Thesen findet, ein Belegstück, das auf einen Einblick »in die seelische Entwicklung seiner ersten Kinderjahre« (Freud, 1910, S. 107) hoffen läßt, ist die eingangs erwähnte »Geierphantasie« Leonardos. Ich möchte sie einschließlich des Freudschen Rahmenkommentars ausführlich zitieren:

> Ein einziges Mal, soviel mir bekannt ist, hat Leonardo in eine seiner wissenschaftlichen Niederschriften eine Mitteilung aus seiner Kindheit eingestreut. An einer Stelle, die vom Flug des Geiers handelt, unterbricht er sich plötzlich,

---

[19] Vgl. Eissler, 1994, S. 93; ähnlich Collins (1997), der unter anderen auf Maidani-Gérard (1994) verweist: Ihm zufolge stammt die Mehrzahl der von Ser Piero unterzeichneten Dokumente aus Florenz.

um einer in ihm auftauchenden Erinnerung aus sehr frühen Jahren zu folgen. »Es scheint, daß es mir schon vorher bestimmt war, mich so gründlich mit dem Geier zu befassen, denn es kommt mir als eine ganz frühe Erinnerung in den Sinn, als ich noch in der Wiege lag, ist ein Geier zu mir herabgekommen, hat mir den Mund mit seinem Schwanz geöffnet und viele Male mit diesem seinen Schwanz gegen meine Lippen gestoßen.« Eine Kindheitserinnerung also und zwar höchst befremdender Art. (Freud, 1910, S. 109)

Da Freud keine weitere Mitteilung Leonardos heranzieht, macht sein Rahmenkommentar deutlich, daß er davon überzeugt ist, hier den Schlüsseltext gefunden zu haben, den er seiner psychoanalytischen Aufklärung über das Leben Leonardos zugrundelegen kann.

Das »Befremdliche« der Leonardoschen Kindheitserinnerung löst Freud auf, indem er sich an seine Technik der Traumanalyse anlehnt, in der wir »ähnliches gefunden haben« (S. 112):

Die Übersetzung geht dann aufs Erotische. Schwanz, »coda«, ist eines der bekanntesten Symbole und Ersatzbezeichnungen des männlichen Gliedes, im Italienischen nicht minder als in anderen Sprachen; die in der Phantasie enthaltene Situation, daß ein Geier den Mund des Kindes öffnet, entspricht der Vorstellung einer Fellatio, eines sexuellen Aktes, bei dem das Glied in den Mund der gebrauchten Person eingeführt wird. (Ebd.)

Sonderbar, so Freud, sei daran allerdings, »daß diese Phantasie so durchwegs passiven Charakter an sich trägt; sie ähnelt auch gewissen Träumen und Phantasien von Frauen und passiven Homosexuellen« (ebd.).

Überraschend ist dann allerdings die weitere psychoanalytische Auflösung dieser Phantasie. Die Phantasie, die, so wiederholt Freud, insbesondere Frauen zu eigen sei, lasse die »harmloseste Ableitung« zu:

Sie ist nichts anderes als die Umarbeitung einer anderen Situation, in welcher wir uns einst alle behaglich fühlten, als wir im Säuglingsalter (»essendo io in culla«)[20] die Brustwarze der Mutter oder der Amme in den Mund nahmen, um an ihr zu saugen. ... Wir verstehen jetzt, warum Leonardo die Erinnerung an das angebliche Erlebnis mit dem Geier in seine Säuglingszeit verlegt. Hinter dieser Phantasie verbirgt sich nichts anderes als eine Reminiszenz an das Saugen – oder Gesäugtwerden – an der Mutterbrust, welche menschlich schöne Szene er wie so viele andere Künstler an der Mutter Gottes und ihrem Kinde mit dem Pinsel darzustellen unternommen hat. (Freud, 1910, S. 113)

Coda, Schwanz, Fellatio wird von Freud also übersetzt in das Saugen an

---

[20] Hier zitiert Freud Leonardos Originaltext.

der mütterlichen Brustwarze. Zweifel an dieser Übersetzung läßt Freud nicht zu: Das zweifache »nichts anderes« betont die Notwendigkeit dieses Übersetzungsschrittes in Freuds Überlegungen. Zwar wird in der weiteren Argumentation noch mehrfach auf die mögliche Bedeutung der Leonardoschen Phantasie als einer Fellatio verwiesen, sie geht jedoch an dieser Stelle nicht in Freuds Rekonstruktion (oder Konstruktion) der Szene ein.

Die zweite Aufgabe psychoanalytischer Übersetzungsarbeit ist der Geier. Wenn der Schwanz das Saugen an der Mutterbrust repräsentiert, warum erscheint dann die Mutter als Geier? Auch diese Frage stellt Freud vor keine unüberwindbaren Probleme. Freud verweist in diesem Zusammenhang zunächst auf die altägyptische Darstellung der geierköpfigen mütterlichen Gottheit Mut, die in der Regel androgyn, das heißt mit Brüsten und erigiertem Penis dargestellt wurde. Eine direkte Verbindung zu Leonardos Erinnerung schließt Freud jedoch aus, da die Entschlüsselung der ägyptischen Hieroglyphen erst im 19. Jahrhundert erfolgte und es keinen Hinweis gibt, daß Leonardo deren Bedeutungen kannte.[21] Wohl aber waren zu Leonardos Zeiten Texte wie etwa die *Hieroglyphica* des Horapollo Nilus bekannt, aus denen zu entnehmen war, daß die Geier als »Symbol der Mütterlichkeit« galten, nicht zuletzt deshalb, weil angenommen wurde, daß es nur weibliche Geier gab.

Wie stellte man sich die Fortpflanzung dieser weiblichen Geier vor? »Darüber gibt eine Stelle des Horapollo guten Aufschluß. Zu einer gewissen Zeit halten diese Vögel im Fluge inne, öffnen ihre Scheide und empfangen vom Winde.« (Freud, 1910, S. 115) Freud hält es für möglich, daß Leonardo, der Vielleser, diesen Text kannte, für noch wahrscheinlicher hält er aber einen anderen Zusammenhang. Die Fabel von der Eingeschlechtlichkeit und der Empfängnis der Geier sei nämlich keineswegs eine »indifferente Anekdote« geblieben: »... die Kirchenväter hatten sich ihrer bemächtigt, um gegen Zweifler an der heiligen Geschichte ein Argument aus der Naturgeschichte zur Hand zu haben.« Da »fast alle« Kirchenväter diese Geierfabel erzählten, »kann es kaum zweifelhaft sein, daß sie durch so mächtige Patronanz auch Leonardo bekannt geworden ist« (S. 116).

---

[21] Erstaunlicherweise behauptet Collins, der Freud in der Regel sehr genau referiert, Freud habe Leonardo die Kenntnis der Muttergottheit Mut unterstellt (wenn auch nicht die Kenntnis ihrer androgynen Darstellung; Collins, 1997, S. 21; vgl. hierzu jedoch Freud, 1910, S. 120). Einem ähnlichen Irrtum unterliegt im übrigen auch Schapiro (1956, S. 148).

37

Die Entstehung der Geierphantasie Leonardos können wir uns nun in folgender Weise vorstellen. Als er einmal bei einem Kirchenvater oder in einem naturwissenschaftlichen Buche davon las, die Geier seien alle Weibchen und wüßten sich ohne Mithilfe von Männern fortzupflanzen, da tauchte in ihm eine Erinnerung auf, die sich zu jener Phantasie umgestaltete, die aber besagen wollte, er sei ja auch so ein Geierkind gewesen, das eine Mutter und keinen Vater gehabt habe, und dazu gesellte sich in der Art, wie so alte Eindrücke sich allein äußern können, ein Nachhall des Genusses, der ihm an der Mutterbrust zuteil geworden war. (Ebd.)

Freuds Argumentation wirkt apodiktisch, fast willkürlich. Der »Schwanz« des Geiers soll »nichts anderes« als die Brustwarze sein, und bei der Lektüre der Texte der »Kirchenväter«, bei der »Fabel« von der Befruchtung der weiblichen Geier, soll Leonardo die Idee gekommen sein, er sei »auch so ein Geierkind« gewesen. Der Naturforscher Leonardo, dessen aufgeklärtes wissenschaftliches Denken Freud nicht müde wird zu rühmen, soll von dem Geiermärchen so beeindruckt gewesen sein, daß es seine Erinnerung in dieser Richtung bewegte? Außerdem: Leonardos Problem war gerade nicht, daß er *keinen* Vater hatte, sondern vielmehr, daß dieser nach seiner Zeugung und Geburt ihn und seine Mutter verlassen hatte.

Gleichwohl ist Freuds Geschichte nicht so abwegig, wie sie auf den ersten Blick erscheint. Freud kommt nämlich den Problemen, die Leonardo in seiner Kindheitserinnerung vermutlich verarbeitet hat, sehr nahe, nur auf einem gewundenen und in einem gewichtigen Detail falschen Weg. Näher kommt man ihnen jedoch, wenn man weiß, daß Freuds Geier im Original ein *Milan*[22] ist und daß sich Leonardo in der Tat intensiv mit ihm und seinem Flug beschäftigte. Darüber hinaus erscheint der Milan in seinem privaten Bestiarium als Symbol *mütterlichen Neides*, als ein Vogel, der angeblich seine Jungen hackt und sie nicht mehr ernährt, wenn sie zu groß geworden sind (ich werde später noch genauer darauf eingehen). Wenn wir also Freuds »Geier« wieder durch Leonardos Milan ersetzen, verschwinden zum einen die Ungereimtheiten der von Freud kon-

---

[22] Italienisch »nibio« (im modernen Italienisch »nibbio«). In der Vortragsfassung (vgl. Nunberg und Federn, 1977, S. 308) übersetzte Freud zunächst korrekter mit »Hühnergeier« (ich werde später auf den Hintergrund dieser unüblichen Übersetzung eingehen). Wenige Zeilen später spricht er vom »Geier«, eine Version, die er beibehält: eine wahrhaft atemberaubende Volte, wenn man berücksichtigt, daß Freud für seine Argumentation einen *Geier* benötigte und keinen Milan.

struierten Phantasie Leonardos, er sei »auch so ein Geierkind« gewesen: Es gab keinen Geier, über den Leonardo hätte phantasieren können. Zum anderen verändert sich die emotionale Färbung dieser Szene entscheidend: Für Leonardo ist der Milan-Muttervogel mißgünstig und aggressiv, nicht nährend und beschützend. Offen bleibt dabei allerdings noch immer, was dabei der Milan-Schwanz bedeutet: mütterliche Brustwarze, Penis oder was auch immer.

Halten wir an dieser Stelle fest, was Freud in seinen bisherigen Überlegungen erreichte: Er konnte feststellen, daß es sich bei dem Geier um ein Symbol der Weiblichkeit handelt und daß man ihn, interpretiert man den Geierschwanz als Brust oder Brustwarze, als ein Symbol der Mütterlichkeit bzw. einer infantilen Mutter-Kind-Beziehung verstehen kann. Gerade *wenn* man den Geier durch den Milan ersetzt, kann man Freuds Beweisführung bis zu diesem Punkt folgen. Dies wäre für eine psychoanalytische Argumentation jedoch nur wenig aussagekräftig. Daß in der Erinnerung und in den Phantasiebildungen eines Menschen die Mutterbeziehung auftaucht, wäre als solches zu unspezifisch. Freud muß also weitergehen: Er versucht in einer komplexen Argumentation, die zeitliche Dauer und die affektive Qualität dieser Mutterbeziehung herauszuarbeiten.

Freud zieht zu diesem Zwecke ein weiteres Datum heran, das für sich genommen ebenfalls nicht sonderlich aussagekräftig ist. Doch in der Kombination mit der Geierphantasie ermöglicht es Freud weitreichende Schlußfolgerungen:

> Aber wir haben als die nächste gesicherte Tatsache aus seiner Jugend erfahren, daß er im Alter von fünf Jahren in den Haushalt seines Vater aufgenommen war; wann dies geschah, ob wenige Monate nach seiner Geburt, ob wenige Wochen vor der Aufnahme jenes Katasters . ist uns völlig unbekannt. (Freud, 1910, S. 117)[23]

---

[23] Freud notiert an früherer Stelle (S. 107) zu dieser Katastereintragung. »Die einzige sichere Auskunft über Leonardos Kindheit gibt ein amtliches Dokument aus dem Jahre 1457, ein Florentiner Steuerkataster, in welchem unter den Hausgenossen der Familie Vinci Leonardo als fünfjähriges illegitimes Kind des Ser Piero aufgeführt wird.« Ich werde später noch darauf zu sprechen kommen, daß diese Katastereintragung vom Großvater Leonardos veranlaßt wurde und daß darüber hinaus Leonardo mit hoher Wahrscheinlichkeit bei seinen Großeltern in Vinci lebte, sein Vater dagegen schon kurz nach seiner Geburt nach Florenz zog. Freud selbst spricht wenige Seiten später (S. 117) selbst davon, daß Leonardos ins großväterliche Haus aufgenommen wurde und daß Ser Piero noch im Jahr von Leonardos Geburt die vornehme Donna Albiera

Erst die Verbindung dieser beiden Daten ermöglicht Freud nun jene psychoanalytische Schlußfolgerung, die seine weitere Untersuchung leiten wird:

> Da tritt nun die Deutung der Geierphantasie ein und will uns belehren, daß Leonardo die entscheidenden ersten Jahre seines Lebens nicht bei seinem Vater und bei seiner Stiefmutter, sondern bei der armen, verlassenen, echten Mutter verbrachte, so daß er Zeit hatte, seinen Vater zu vermissen. Dies scheint ein mageres und dabei noch immer gewagtes Ergebnis der psychoanalytischen Bemühung, allein es wird bei weiterer Vertiefung an Bedeutung gewinnen. (Ebd.)

Wieder wird man bei einer Formulierung Freuds stutzig: daß uns nämlich die Deutung der Geierphantasie »belehren« will. Sie klingt objektiv, unpersönlich und sachlich, so als wäre es nicht Freud selbst gewesen, der die etwas gewundene Interpretation der Geierphantasie vorgenommen hätte. Damit erinnert sie an Freuds Formulierung innerhalb dieser Interpretation: daß nämlich der Geierschwanz »nichts anderes« sei als die Brustwarze.

Unmittelbar anschließend stoßen wir auf eine weitere Auffälligkeit der Freudschen Argumentation. Wir konnten Freud soweit folgen, daß es sich bei der Geierphantasie möglicherweise um eine Reminiszenz an die Säuglingszeit handelt. Freud zieht aus ihr jedoch noch weitergehende Schlußfolgerungen: Er nimmt die Geierphantasie als Hinweis darauf, daß Leonardo nicht nur verhältnismäßig lange bei seiner Mutter blieb, sondern daß sogar eine genauere zeitliche Bestimmung dieses Zeitraums möglich sei:

> Es steht in bestem Einklang mit der Deutung der Geierphantasie, wenn mindestens drei Jahre, vielleicht fünf, von Leonardos Leben verflossen waren, ehe er seine einsame Mutter gegen ein Elternpaar vertauschen konnte. (Freud, 1910, S. 117)[24]

Ich möchte an dieser Stelle nicht weiter auf die wenig wahrscheinliche Annahme eingehen, daß Leonardo mit seinem leiblichen Vater und seiner jungen Stiefmutter zusammenlebte, sondern lediglich auf Freuds gewagten Umgang mit der Geierphantasie hinweisen. Gewissermaßen als i-Tüpfelchen dieser Argumentation betont Freud anschließend, es sei eine durch

---

heiratete. Daß Donna Albiera Florentinerin war, wird von Freud an dieser Stelle nicht erwähnt.
[24] In der Vortragsfassung mutmaßt Freud, daß es »die ersten 4-5 Jahre« waren (Nunberg und Federn, 1977, S. 310).

die Geierphantasie erwiesene »*Tatsache, daß Leonardo seine ersten Lebensjahre allein mit der Mutter verbracht hat*« (ebd., Herv. M. C.). Erinnern wir uns: Als »Tatsache« konnte Freud nur die Katastereintragung anführen, die jedoch einen Zeitraum von fünf Jahren offen läßt, innerhalb derer Leonardo in das Haus des Großvaters hätte aufgenommen werden können. Nur unter Zuhilfenahme der selbst im Kontext der Freudschen Argumentation wackeligen These vom »Geierkind« Leonardo ließe sich bestenfalls *vermuten*, daß Leonardo seine ersten Lebensjahre allein mit seiner Mutter verbrachte.

Der Geierschwanz: Brust und/oder Penis?

Auf Freuds Konstruktion einer »Tatsache«, die durch eine Phantasie erwiesen wird, möchte ich in dem Abschnitt »Die Phantasie und die Tatsache« noch genauer eingehen. Noch immer hat Freud nichts über die Qualität der Beziehung zwischen Leonardo und seiner Mutter gesagt, sondern nur versucht, die Dauer dieser Beziehung zu bestimmen. Erst im nächsten, dem III. Kapitel geht er auf deren Qualität ein, indem er die spezifische Konstellation erörtert, in der sich Leonardos Homosexualität entwickelte. Argumentationsstrategisch könnte man sagen: Freud versteht es, Spannung aufzubauen und aufrechtzuerhalten, ein Vorgehen, das angesichts des spärlichen Datenmaterials, das ihm zur Verfügung steht, gleichermaßen notwendig wie kunstvoll ist. An derartigen Stellen wird deutlich, daß der Hinweis, Freud habe möglicherweise eine psychoanalytische Novelle oder gar einen Roman geschrieben, nicht aus der Luft gegriffen ist.

Freud greift gleich zu Beginn des III. Kapitels das Problem der Homosexualität Leonardos auf, allerdings in einer Weise, die zunächst irritierend, ja verwirrend wirkt. Er kommt nämlich auf die »Geierphantasie« zurück und stößt nun hier auf die Frage bzw. das »befremdliche Problem«,

… warum dieser Erinnerungsinhalt [das Saugen an der Brust; M. C.] in eine homosexuelle Situation umgearbeitet worden ist. Die Mutter, die das Kind säugt – besser: an der das Kind saugt –, ist in einen Geiervogel verwandelt, der dem Kinde seinen Schwanz in den Mund steckt. Wir behaupten …, daß die »coda« des Geiers nach gemeinem substituierenden Sprachgebrauch gar nichts anderes als ein männliches Genitale, einen Penis, bedeuten kann. Aber wir verstehen nicht, wie die Phantasietätigkeit dazu gelangen kann, gerade den mütterlichen Vogel mit dem Abzeichen der Männlichkeit auszustatten, und werden angesichts dieser Absurdität an der Möglichkeit irre, dieses Phantasiegebilde auf einen vernünftigen Sinn zu reduzieren. (Freud, 1910, S. 119)[25]

Ich möchte versuchen, dieses »befremdliche Problem« Freuds zu verdeutlichen. Zunächst war es ja Freud selbst, der den Schwanz in eine Brustwarze transformiert hatte. Freud hatte ebenso apodiktisch behauptet, daß der Schwanz des Geiers »nichts anderes« sein könne als die Brustwarze, wie er jetzt behauptet, er könne »nichts anderes« sein als der Penis. Widerspricht sich Freud damit nicht eklatant? Nicht unbedingt, wenn man Freuds weiteren Gedankengang akzeptiert. Der Geierschwanz ist für Freud zwar die Brustwarze, die Frage ist jedoch, warum die Brustwarze in ein Erinnerungsbild transformiert wurde, in der die Brustwarze – wiederum – als Penis in Erscheinung tritt. Die Erklärung, die Freud für den hier vorliegenden, scheinbaren Widerspruch liefern wird, ist diesmal psychoanalytisch überzeugend. Daran schließt jedoch die Frage an, wie weit Freuds weitere Interpretationen der damit auftauchenden Doppel- oder Mehrdeutigkeit der Geierphantasie gerecht werden.

Um das »befremdliche Problem« zu klären, verweist Freud zuversichtlich erneut auf die Traumanalyse[26] und greift ein zweites Mal seinen Verweis auf die geierköpfige ägyptische Gottheit Mut auf. Erinnern wir uns: Freud hatte eine direkte Relevanz dieser Gottheit mit ihrer androgynen Symbolik für die Kindheitsphantasie Leonardos zunächst ausgeschlossen und den Umweg über die *Hieroglyphica* des Nilus Horapollo bzw. die Schriften der Kirchenväter eingeschlagen, in denen die »Fabel« von der Windempfängnis der Geier aufgegriffen wurde. In seinem zweiten Interpretationsversuch geht es ihm zunächst nur darum, der eigentümlich androgynen Phantasie Leonardos eine Parallele aus der Kulturgeschichte an die Seite zu stellen. Erneut weist Freud die Möglichkeit zurück, daß Leonardo Kenntnis von dieser Gottheit hatte (»Solche Mög-

---

[25] Die hieran anschließenden, langwierigen und teilweise etwas umständlichen Überlegungen hat Freud in der Vortragsfassung in einem Satz komprimiert: »Wir können uns also denken, daß bei einer Umarbeitung dieses Saugens an der Mutterbrust aufs Homosexuelle etwa eine solche Phantasie herauskommt, wie wir sie bei Leonardo finden.« (Nunberg und Federn, 1977, S. 309)

[26] »Wieviel scheinbar absurde Träume haben wir nicht schon genötigt, ihren Sinn einzugestehen! Warum sollte es bei einer Kindheitsphantasie schwieriger werden als bei einem Traum.« (Freud, 1910, S. 119)

42

lichkeit ist mehr als fraglich ...« 1910, S. 120), und er fügt etwas geheimnisvoll hinzu: »Es liegt wohl näher, die Übereinstimmung auf ein gemeinsames, hier wie dort wirksames und noch unbekanntes Motiv zurückzuführen.« (Ebd.) Nachdem Freud eine eindrucksvolle Aufzählung weiterer ursprünglich androgyner Gottheiten vorgenommen hat (unter anderem Athene und Aphrodite), kann er die Frage aufwerfen, »weshalb die Phantasie der Menschen keinen Anstoß daran nimmt, eine Gestalt, die ihr das Wesen der Mutter verkörpern soll, mit dem zur Mütterlichkeit gegensätzlichen Zeichen der männlichen Kraft zu versehen« (ebd.).

Nunmehr ist Freud auf gesichertem psychoanalytischen Terrain:

> Die Aufklärung kommt von Seiten der infantilen Sexualtheorien. Es hatte allerdings eine Zeit gegeben, in der das männliche Genitale mit der Darstellung der Mutter vereinbar gefunden wurde. Wenn das männliche Kind seine Wißbegierde zuerst auf das Rätsel des Geschlechtslebens richtet, wird es von dem Interesse für sein eigenes Genitale beherrscht. Es findet diesen Teil seines Körpers zu wertvoll und zu wichtig, als daß es glauben könnte, er würde anderen Personen fehlen, denen es sich so ähnlich fühlt. Da es nicht erraten kann, daß es noch einen anderen, gleichwertigen Typ von Genitalbildung gibt, muß es zur Annahme greifen, daß alle Menschen, auch die Frauen, ein solches Glied wie er besitzen. (Freud, 1910, S. 120f.)

Vor diesem Hintergrund entwickelt Freud eine Reihe weiterführender theoretischer Überlegungen, in die – zumindest implizit – Verweise auf Leonardo eingebaut sind: Ehe das Kind »unter die Herrschaft des Kastrationskomplexes« gerät, entwickelt es eine »intensive Schaulust als erotische Triebbetätigung« (S. 121) und zugleich in Bezug auf die Mutter eine »Sehnsucht nach ihrem für einen Penis gehaltenen Genitale« (S. 122). Erst mit der später erworbenen Erkenntnis, daß die Mutter keinen Penis besitzt, »schlägt diese Sehnsucht oft in ihr Gegenteil um, macht einem Abscheu Platz, der in den Jahren der Pubertät zur Ursache der psychischen Impotenz, der Misogynie, der dauernden Homosexualität werden kann« (ebd.). Zugleich hinterläßt diese Fixierung »unauslöschliche Spuren im Seelenleben des Kindes«, so daß sie zur Ursache von Fetischismus werden kann: »Die fetischartige Verehrung des weiblichen Fußes und Schuhes scheint den Fuß nur als Ersatzsymbol für das einst so verehrte, seither vermißte Glied des Weibes zu nehmen ...« (Ebd.) Es sei an dieser Stelle angemerkt, daß Freud das Problem des Fetischismus an keiner Stelle mehr aufgreift, obwohl er erhebliche Anstrengungen unternimmt, die infantile Phantasie der Mutter mit dem Penis einschließlich der psy-

chischen Folgen ihrer Verdrängung in ihrer Bedeutung für Leonardo herauszuarbeiten. Auf die auffälligen Darstellungen des weiblichen Fußes
bei Leonardo werde ich später noch näher eingehen.

Freud ist somit zu dem Ergebnis gelangt, daß die kindliche Phantasie
vom mütterlichen Penis die »gemeinsame Quelle [ist], aus der sich die
androgyne Bildung der mütterlichen Gottheiten wie der ägyptischen Mut
und die ›coda‹ des Geiers in Leonardos Kindheitsphantasie ableiten«
(1910, S. 123). Anders formuliert: Freud stößt auf die Übereinstimmung
individueller und kollektiver Archaik hinsichtlich der Vorstellung von
Mütterlichkeit, eine Übereinstimmung, die ihm hilft, das »befremdliche«
Phänomen der »coda« des Leonardoschen Geiers zu entschlüsseln.

> Die Hervorhebung des Geierschwanzes in der Phantasie Leonardos können
> wir nun so übersetzen: Damals, als sich meine zärtliche Neugier auf die Mutter
> richtete und ich ihr noch ein Genitale wie mein eigenes zuschrieb. Ein weiteres
> Zeugnis für die frühzeitige Sexualforschung Leonardos, die nach unserer Mei-
> nung ausschlaggebend für sein ganzes späteres Leben wurde. (Ebd.)

Ehe Freud sich schließlich explizit mit Leonardos Homosexualität beschäftigt, muß er noch ein scheinbar nebensächliches Detail klären, das
meines Erachtens jedoch von erheblicher Bedeutung ist und bereits im
Rahmen von Freuds ursprünglicher Interpretation von Leonardos Geierphantasie hätte berücksichtigt werden müssen. Freud stellt sich nämlich
im Hinblick auf seine erste Interpretation (der Geier als Muttersymbol,
der Geierschwanz als Brustwarze) zurecht folgende Frage:

> Ihr auffälligster Zug war doch, daß sie das Saugen an der Mutterbrust in ein
> Gesäugtwerden, also in Passivität und damit in eine Situation von unzweifel-
> haft homosexuellem Charakter verwandelte. Eingedenk der historischen Wahr-
> scheinlichkeit, daß sich Leonardo im Leben wie ein homosexuell Fühlender
> benahm, drängt sich uns die Frage auf, ob diese Phantasie nicht auf eine ur-
> sächliche Beziehung zwischen Leonardos Kinderverhältnis zu seiner Mutter
> und seiner späteren manifesten, wenn auch ideellen (sublimierten) Homose-
> xualität hinweist. (Freud, 1910, S. 124)

Ich möchte die Frage offen lassen, was Freud sich darunter vorstellt, daß
das aktive Saugen in ein passives »Gesäugtwerden« verwandelt worden
sei.[27] Auch Freud beschäftigt sich nicht weiter mit dieser Fragestellung.

---

[27] Wie ist ein »passives« Saugen an der Mutterbrust überhaupt vorstellbar? An der
oben zitierten Stelle (Freud, 1910, S. 119) hatte Freud selbst es vorgezogen, vom Saugen zu sprechen statt vom »Gesäugtwerden«.

Er benutzt die Umwandlung von Aktivität in Passivität lediglich als Übergang zum Phänomen der Homosexualität Leonardos. Doch das Problem, das sich hinter diesen Formulierungen verbirgt, ist gravierend, zumal es durch einen Übersetzungsfehler verschleiert wurde. Freud hatte nämlich Leonardos Text, in dem der davon spricht, daß der Schwanz ihn »dentro alla labbra« gestoßen hatte, mit »gegen meine Lippen« übersetzt (eine Ungenauigkeit, auf die auch die Herausgeber der Studienausgabe hinweisen; vgl. Freud, 1910, S. 109). Die korrekte Übersetzung wäre jedoch »zwischen die Lippen«. Diesen geradezu aggressiven Akt nun als ein »Saugen« oder als ein passives »Gesäugtwerden« (was immer dies heißen mag) zu interpretieren, erscheint problematisch. Die Situation, zu der diese Formulierung am besten paßt, dürfte tatsächlich eine passiv und als aggressiv erlebte Fellatio sein.

Die Konsequenz für die beiden von Freud bisher vorgetragenen Interpretationsversuche ist verwirrend. Zunächst hatte Freud betont, daß der Geierschwanz »nichts anderes« als die Brustwarze sein könne. Später hatte er ebenso betont, daß der Geierschwanz »nicht anderes« sein könne als der Penis – allerdings der Penis der Mutter, der nicht mit einer wie immer gearteten Fellatio in Zusammenhang steht. Nun kann man Freud zugute halten, daß er ja – die Richtigkeit seiner ersten Interpretation unterstellt – die Frage klären mußte, warum die Brustwarze in ein phallisches Symbol verwandelt wurde. Seine Antwort lautete: Es handelt sich um den Einfluß der infantilen Phantasie des mütterlichen Penis. Im nächsten Schritt fügt er nunmehr selbst, wiederum apodiktisch, hinzu, es handle sich, aufgrund der damit verbundenen Situation der Passivität, um »eine Situation von unzweifelhaft homosexuellem Charakter« (Freud, 1910, S. 124).

Damit kehrt Freud zu seinem ursprünglichen Gedanken zurück, daß der Geierschwanz der Vorstellung von einer Fellatio entspreche (S. 112; vgl. auch S. 119). Dieser Gedanke wird nunmehr als *zusätzliche* Dimension in die Interpretation eingeführt: Es handelt sich nicht mehr nur um eine Überlagerung des Saugens an der Mutterbrust durch die Phantasie des mütterlichen Penis, sondern auch um eine homosexuelle Szene, um eine Szene passiv erlebter Fellatio. Die Bedeutung der Homosexualität in dieser Szene und ihr möglicher Zusammenhang mit der Brust bzw. dem Penis der Mutter bleiben jedoch uninterpretiert, obwohl Freud an früherer Stelle eine Untersuchung dieser Frage angekündigt hatte (S. 113).

Spätestens an dieser Stelle wird deutlich, daß die drei Dimensionen der

Interpretation: mütterliche Brust, mütterlicher Penis und homosexuelle Fellatio unvermittelt nebeneinander, wenn nicht tendenziell in Widerspruch zueinander stehen. Ein Stück weit verdeckt durch die Ungenauigkeit der Übersetzung taucht nämlich die Frage auf, ob der aggressive Akt, zwischen die Lippen zu schlagen, überhaupt mit der Mutterbrust und einem Saugen an ihr in Verbindung gebracht werden kann. Soweit man dies tut, verändert sich jedoch der von Freud betonte idyllische Charakter der Szene (ich werde später noch einmal näher auf diese Problematik eingehen). Hält man, was aus verschiedenen Gründen naheliegt, die Repräsentation der Mutter in Leonardos Phantasie aufrecht, so kann man zumindest zu einer von Freuds Interpretationslinie abweichenden Deutung kommen: Es geht in Leonardos Kindheitserinnerung um eine *aggressive* Mutter-Kind-Interaktion und/oder um eine *aggressive* homosexuelle Phantasie.

Kehren wir zurück zu Freuds Argumentation. Der Hinweis auf den »unzweifelhaft homosexuelle[n] Charakter« der Phantasie leitet, wie vermerkt wurde, über zu Freuds weiteren Überlegungen (1910, S. 124), in denen er schließlich seine Auffassung von der Genese der Homosexualität Leonardos entwickelt:

> Bei allen unseren homosexuellen Männern gab es in der ersten, vom Individuum später vergessenen Kindheit eine sehr intensive erotische Bindung an eine weibliche Person, in der Regel die Mutter, hervorgerufen oder begünstigt durch die Überzärtlichkeit der Mutter selbst, ferner unterstützt durch ein Zurücktreten des Vaters im kindlichen Leben. (Freud, 1910, S. 124)

Freud unterstreicht den letzten Halbsatz dieser Anmerkung noch einmal mit einem impliziten Verweis auf Leonardo: »Sieht es doch fast so aus, als ob das Vorhandensein eines starken Vaters dem Sohne die richtige Entscheidung in der Objektwahl für das entgegengesetzte Geschlecht versichern würde.« (S. 125)

Die erotische Bindung an die Mutter verfällt, nicht anders als bei anderen Kindern, der Verdrängung, wobei sich Freud zufolge bei später Homosexuellen ein besonderer Ausgang dieser Verdrängung ergibt, möglicherweise bedingt durch die besondere Intensität dieser frühen Bindung:

> Der Knabe verdrängt die Liebe zur Mutter, indem er sich selbst an deren Stelle setzt, sich mit der Mutter identifiziert und seine eigene Person zum Vorbild nimmt, in dessen Ähnlichkeit er seine neuen Liebesobjekte auswählt. Er ist so homosexuell geworden; eigentlich ist er in den Autoerotismus zurückgeglitten, da die Knaben, die der Heranwachsende jetzt liebt, doch nur Ersatzpersonen

und Erneuerungen seiner eigenen kindlichen Person sind, die er so liebt, wie die Mutter ihn als Kind geliebt hat. Wir sagen, er findet seine Liebesobjekte auf dem Wege des *Narzißmus* ... Tieferreichende psychologische Erwägungen rechtfertigen die Behauptung, daß der auf solchem Wege homosexuell Gewordene an das Erinnerungsbild seiner Mutter fixiert bleibt. (Freud, 1910, S. 125)[28]

Nachdem Freud noch einmal betont hat, daß es sich bei dieser Genese nur um *einen* Typus von Homosexualität handele und es ihm fernliege, »die Bedeutung dieser Aufklärungen über die psychische Genese der Homosexualität zu übertreiben«, hält er daran fest, daß »gerade« Leonardo »diesem Typus der Homosexualität angehört« (S. 126). Er wiederholt in diesem Zusammenhang einen Gedanken, den er bereits im Kontext der Sublimierung der frühkindlichen Sexualforschung Leonardos vorgetragen hatte, der hier, im Rahmen von Leonardos Homosexualität, jedoch nicht weiter begründet wird:

Im Lichte dieser Überlieferungen (»Aussagen seiner Zeitgenossen«; M. C.) erscheint er uns also als ein Mann, dessen sexuelle Bedürftigkeit und Aktivität außerordentlich herabgesetzt war, als hätte ein höheres Streben ihn über die gemeine animalische Not der Menschen erhoben. Es mag dahingestellt bleiben, ob er jemals und auf welchem Wege er die direkte sexuelle Befriedigung gesucht oder ob er ihr gänzlich entraten konnte. (S. 126f.)

Hier stoßen wir erneut auf eine eklatante Lücke in Freuds Argumentation. Es bleibt unklar, warum Freud aus seiner These zur Entwicklung von Leonardos Homosexualität den Schluß zieht, daß jemand, der auf diese Weise homosexuell geworden ist, zugleich in seiner sexuellen »Bedürftigkeit und Aktivität außerordentlich herabgesetzt war«. Allenfalls könnte der allgemein gehaltene Hinweis auf die »mannigfaltigen psychosexuellen Hemmungsprozesse« im Kontext der Genese von Homosexualität als Versuch einer Erläuterung verstanden werden (Freud, 1910, S. 126). Doch welcher Art sind diese »Hemmungsprozesse«? Sind alle Homosexuellen vom Typ Leonardos in ihrer sexuellen Aktivität ähnlich herabgesetzt? Zu solch naheliegenden Fragen schweigt Freud.

---

[28] Hier handelt es sich um die einzige Stelle in seinem Essay, an der Freud – ohne weitere Erläuterungen – auf das Konzept des Narzißmus Bezug nimmt. Erst in seiner Arbeit *Zur Einführung des Narzißmus* (1914b) wird dieses Konzept weiter ausgearbeitet. Meines Erachtens hätte Freud seinen Essay anders geschrieben, wenn ihm damals schon die vier Jahre später entwickelten Überlegungen zum Narzißmus zur Verfügung gestanden hätten.

Spinnt man den von Freud abgebrochenen Argumentationsfaden, der sich um das Verhältnis von Leonardos Mutterfixierung zu seiner Homosexualität rankt, weiter, so könnte man vermuten, daß Leonardo mit dem androgynen Bild der Mutter, einer Mutter mit Brust und Penis, identifiziert war. Damit käme man zu der Schlußfolgerung (im Sinne der Freudschen These der *narzißtischen* Objektwahl), daß Leonardo selbst androgyne Liebesobjekte bevorzugte. Es ist für mich eine weitere offene Frage, warum Freud, nachdem *er selbst* die Androgynität in der Geierphantasie so einleuchtend herausgearbeitet hat, nicht mehr darauf eingeht, daß dies, ganz im Sinne seiner Identifizierungsthese, auch die Vermutung nahelegt, daß Leonardos Liebesobjekte androgyne Züge aufwiesen (unabhängig davon, ob er sie offen oder »ideell« liebte).

Tatsächlich kann ein Blick auf Leonardos letzte Bilder, insbesondere auf den *Bacchus* und den *Heiligen Johannes*, diese Vermutung unterstützen. Das Phänomen der Androgynität ist so offensichtlich, daß man es, wie auch Clark (2000, S. 59) betont, kaum übersehen kann. Freud hat es bei seiner Analyse der beiden Bilder nur einmal aufgegriffen und gleichsam als ödipalen Triumph, als »Wunscherfüllung« der Vereinigung von »männlichem und weiblichem Wesen« interpretiert (1910, S. 141). Ich werde später auf eine erst kürzlich entdeckte Zeichnung Leonardos, *Angel in the Flesh* (vgl. Collins, 1997, Abb. 12), eingehen, die meines Erachtens diesen Aspekt der Androgynität zusätzlich verdeutlicht. Natürlich war Androgynität ein Thema für viele Renaissancemaler – die psychoanalytische Perspektive, wie Freud sie entwirft, zeigt jedoch, daß dies im Falle Leonardos auch ein zentrales lebensgeschichtliches Thema war. Aus psychoanalytischer Perspektive bestätigt diese Androgynität zudem eine oben formulierte These: Die Vereinigung von weiblicher und männlicher Potenz ist auch ein Ausdruck von Größen- und Allmachtsvorstellungen.

Kehren wir noch einmal zurück zu Freuds Argumentation. Nachdem er seine These von Leonardos gehemmter Homosexualität formuliert hat, geht er auf dessen Notizen zum Begräbnis von »Caterina« ein (Freud, 1910, S. 129ff.). In Anlehnung an Mereschkowski (1903) geht er davon aus, daß es sich dabei um Leonardos Mutter handelte (eine Interpretation, die umstritten ist; vgl. Bramly, 2000, S. 288). In seinen Notizen listete Leonardo die ihm entstandenen Kosten für das Begräbnis penibel auf. Freud versteht dies als Ausdruck der verdrängten Gefühle seiner Mutter gegenüber, als einen Mechanismus, den er in die Nähe der Zwangsneurose rückt: »Nur ein solcher Anklang an das Geschehen der Zwangsneurose kann die Leichenkostenrechnung Leonardos beim Tode seiner Mutter erklären.« (Freud, 1910, S. 131) Auch hier stoßen wir auf eine Eigenwilligkeit der Freudschen Argumentation. Um zu unterstreichen, daß es sich bei der besagten Caterina tatsächlich um Leonardos Mutter handelt, zitiert er die von Mereschkowski angegebene Kostenrechnung und bezweifelt die von dem Leonardo-Experten Solmi angegebene. Doch ein Blick in das Originalmanuskript zeigt, daß die Angaben von Solmi zutreffend sind.[29]

Freud schließt sein Kapitel über die psychische Genese von Leonardos Homosexualität mit einer Bemerkung ab, die zwar nicht völlig unvermittelt eingeführt wird, gleichwohl aber die Gewichtungen des bisher entwickelten Psychogramms Leonardos noch einmal verschiebt. Im Vordergrund steht nunmehr ausdrücklich die *Verdrängung*: »Die Mutter und die Schüler, die Ebenbilder seiner eigenen knabenhaften Schönheit, wären seine Sexualobjekte gewesen – soweit die sein Wesen beherrschende Sexualverdrängung eine solche Kennzeichnung zuläßt ...« (Freud, 1910, S. 131) Erinnern wir uns daran, was Freud an früherer Stelle geschrieben hatte: »Daß ihm nach infantiler Betätigung der Wißbegierde im Dienste sexueller Interessen dann gelungen ist, den größeren Anteil seiner Libido in Forscherdrang zu sublimieren, das wäre der Kern und das Geheimnis seines Wesens.« (S. 107) *Sublimierung, Verdrängung, Fixierung, Hemmung, Zwangstendenzen* – all das scheint nunmehr, Freud zufolge, Leonardo zu charakterisieren. Ich habe eher den Eindruck gewonnen, daß Leonardos »Wesen« uns damit noch rätselhafter geworden ist.

Im IV. Kapitel kehrt Freud zur »Geierphantasie« zurück – und offeriert noch eine weitere Bedeutungsverschiebung:

Die Geierphantasie Leonardos hält uns noch immer fest. In Worten, welche nur allzu deutlich an die Beschreibung eines Sexualaktes anklingen (»und hat viele Male mit seinem Schwanz gegen meine Lippen gestoßen«), betont Leonardo die Intensität der erotischen Beziehung zwischen Mutter und Kind. (Freud, 1910, S. 132)[30]

---

[29] Vgl. Richter, 1970, S. 379. So geht Freud fälschlicherweise von Florin aus anstatt von Soldi, wobei ein Florin das 33-fache eines Soldi beträgt. Der relativ niedrige Betrag von 124 *Soldi* für die Begräbniskosten würde eher dafür sprechen, daß es sich bei »Catarina« um Leonardos Haushälterin handelte.

[30] Auch hier hält Freud an der abgeschwächten, gewissermaßen gereinigten Fassung seiner Übersetzung fest, nach der der Geierschwanz »gegen« statt »zwischen« die Lippen gestoßen habe. Den möglichen Grund für diese Abschwächung hatte ich bereits genannt: das *Stoßen* »zwischen« die Lippen wäre mit dem Saugen an der Mutter-

Zugleich führt Freud einen scheinbar nebensächlichen neuen Aspekt dieser Situation ein, denn die Geierphantasie soll jetzt auch auf die »Küsse« der Mutter verweisen:

> Wir können übersetzen: die Mutter hat mir ungezählte leidenschaftliche Küsse auf den Mund gedrückt. Die Phantasie ist zusammengesetzt aus der Erinnerung an das Gesäugtwerden und an das Geküßtwerden durch die Mutter. (Ebd.)

Der Zweck dieser Bedeutungsverschiebung für Freuds Homosexualitätsthese dürfte deutlich sein: Neben der Abwesenheit des Vater begründet Freud Leonardos Homosexualität mit der besonders intensiven erotischen Bindung an die Mutter, ihrer »Überzärtlichkeit«. Das Saugen oder Gesäugtwerden würde sich nur auf einen relativ kurzen Zeitraum beziehen, während die ungezählten leidenschaftlichen »Küsse« im Prinzip bis ins fünfte Lebensjahr reichen können. Nebenbei bemerkt, wird damit auch deutlich, warum Freud so hartnäckig an dem Zeitraum von fünf, »mindestens drei Jahre[n]« (1910, S. 117) festhält: Die Annahme einer intensiven, überzärtlichen, erotischen Bindung an die Mutter wird auf diese Weise um einiges plausibler.

Zum Abschluß dieses Kapitels möchte ich Freuds Thesen über Leonardos »gehemmte« Homosexualität noch einmal zusammenfassend diskutieren. Ihr auffälligster Zug ist Freud zufolge die Betonung von »Sexualverdrängung« und Zwangstendenzen im Gegensatz zu der früher hervorgehobenen »Sublimierung« (bei der Freud allerdings auch schon Verdrängungstendenzen betont hatte[31]). Diese Sexualverdrängung wird schließlich *als Grund für Leonardos »Hemmung«, für das »Unglück seines Liebeslebens«, für sein »Verhängnis« angeführt* (Freud, 1910, S. 141, S. 139; Herv. M. C.). Im I. Kapitel hatte Freud bereits auf Leonardos »Frigidität« (S. 97), auf die »Verkümmerung« von Leonardos Liebesleben hingewiesen (S. 107), Phänomene, für die er hier offenbar die Erklärung nachliefert. Dennoch ist die neue Akzentuierung einigermaßen überraschend, da Freud bisher nur davon gesprochen hatte, daß die Liebe zur Mutter »ver-

---

brust (oder dem »Gesäugtwerden«) weniger gut vereinbar.

[31] Im Hinblick auf den »Trieb«, der sich damit »frei im Dienste des intellektuellen Interesse betätigen« könne, fügte Freud hinzu: »Der Sexualverdrängung, die ihn durch den Zuschuß von sublimierter Libido so stark gemacht hat, trägt er noch Rechnung, indem er die Beschäftigung mit sexuellen Themen vermeidet.« (Freud, 1910, S. 107)

drängt« wird (S. 125), ein Phänomen, das nicht in dem von Freud unterstellten Umfang pathogen ist. Die Verdrängung der Liebe zur Mutter ist universell, sie gilt für später heterosexuell wie homosexuell Gewordene. Was will uns Freud mit seinen Überlegungen also sagen? Daß die Stärke der erotischen Bindung gewissermaßen die Stärke der Verdrängung bedingt? Oder daß die Verdrängung mit homosexuellem Ausgang zu einer besonders starken Hemmung und Verkümmerung des Liebeslebens führt?[32] Auf derartige Überlegungen verzichtet Freud mit guten Grund. Seine von ihm entwickelte These zur Genese eines spezifischen Typs von Homosexualität würde dann nämlich unterstellen, daß die bei Leonardo vorgefundene Konstellation – intensive erotische Bindung an die Mutter, Abwesenheit des Vaters – *generell zu einer gehemmten Homosexualität führt*: eine schwer zu belegende These. Freud hätte vermutlich große Mühe gehabt, diesen Typ von Homosexuellen – der meines Erachtens häufig anzutreffen ist – *generell* sexuell als gehemmt oder gar verkümmert darzustellen. Freuds Überlegungen zu Leonardos Homosexualität und ihrer »Hemmung« stehen somit auf schwachen Füßen. *Entweder fehlen wichtige spezifische, für Leonardo zutreffende Bedingungen und Entwicklungen oder Freuds These über Leonardos verkümmertes Liebesleben ist unzureichend oder falsch.*[33]

Meines Erachtens drängt sich immer mehr die Frage auf, warum Freud so energisch auf den Aspekten der Verdrängung, Hemmung, Zwanghaftigkeit und Verkümmerung von Leonardo insistiert. Gibt es möglicher-

---

[32] Auch Collins macht auf dieses Problem aufmerksam: »Freud never explains why the ›wave of energetic sexual repression‹ should be so strong in Leonardo's case. One is left to assume that excessive incestuous wishes would have met with excessive countermeasures. Regardless of its causes repression plays a crucial role in Freud's model of Leonardo's personality.« (Collins, 1997, S. 7)

[33] Vielleicht könnte es weiterführen, Leonardos Homosexualität im Kontext einer *traumatischen* Mutterbeziehung zu sehen. Eissler hat Überlegungen in dieser Richtung angestellt, ohne jedoch über den Punkt hinaus zu gelangen, daß Leonardo möglicherweise »für Traumatisierungen außerordentlich anfällig war, was bedeutet, ... daß er die meiste Zeit in Gefahr war, psychisch verletzt zu werden« (1994, S. 151). Die unter anderem von Vasari (1568) überlieferte Neigung Leonardos, andere – scheinbar im Scherz – zu erschrecken, ließe sich Eissler (1994, S. 154) zufolge auf eine Identifikation mit dem Aggressor zurückführen. Dies ist meines Erachtens eine aufschlußreiche Überlegung. Leonardos Neigung, sich mit ausgesprochen gewalttätigen Machthabern zu assoziieren, ließe sich so eventuell verstehen. Ob diese Variante auch zu einem besseren Verständnis von Leonardos Homosexualität führt, bedürfte aber einer weiteren Klärung.

weise eine unbewußte Rivalität mit Leonardo? Oder geht es um persönliche Konflikte (zum Beispiel mit Fließ oder Jung), die er auf diese Weise in seiner Leonardo-Studie verarbeitet? Ich werde im folgenden auf diese Fragen zurückkommen.

Freud und Leonardo

Eine »Pathographie« eigener Art

Ich muß gestehen: das folgende V. Kapitel ist der Teil des Freudschen Essays, der mich am wenigsten überzeugt und am meisten irritiert. Zugleich ist es, zusammen mit dem abschließenden VI. Kapitel, der Teil, der am meisten über Freuds Einstellung zu Leonardo verrät. Freuds biographische Analyse versucht, Leonardo mehr und mehr als Neurotiker darzustellen, sie wird – um Freuds eigene Formulierung aufzugreifen – zur »Pathographie«.

Freud setzt sich im V. Kapitel ausführlich mit Leonardos Beziehung zu seinem Vater auseinander. Freud geht davon aus, daß Leonardo später im Hause seines Vaters bzw. Großvaters lebte, somit ein Stück der normalen ödipalen Entwicklung durchlief und sich im Rahmen dieser »normalen« Entwicklung sowohl mit seinem Vater identifizierte als auch gegen ihn auflehnte.

Als Leonardo, noch nicht fünf Jahre alt, ins großväterliche Haus aufgenommen wurde, trat gewiß die junge Stiefmutter Albiera an die Stelle seiner Mutter in seinem Fühlen, und er kam in jenes normal zu nennende Rivalitätsverhältnis zum Vater. Die Entscheidung zur Homosexualität tritt bekanntlich erst in der Nähe der Pubertät auf. Als diese für Leonardo gefallen war, verlor die Identifizierung mit dem Vater jede Bedeutung für sein Sexualleben, setzte sich aber auf anderen Gebieten von nicht erotischer Bedeutung fort. (Freud, 1910, S. 144)[34]

Freud läßt offen, was er mit der sexuellen Bedeutung dieser Identifizierung meint. Um so deutlicher macht Freud, was er mit der Identifizierung auf »Gebieten von nicht erotischer Bedeutung« anspricht. Leonardo liebte, so Freud, Prunk und schöne Kleider, er hielt sich Diener und Pferde. Dies könne nicht allein auf Leonardos »Schönheitssinn« zurückgeführt werden, vielmehr erkennen wir in seinen Vorlieben »auch den Zwang,

---

[34] Auch diese Passage klingt formalistisch und gewissermaßen gekünstelt. Sehr viel wahrscheinlicher wäre, daß Leonardo zunächst einmal das Trauma der Trennung von der Mutter zu verarbeiten hatte. Und warum sollte sich ausgerechnet Donna Albiera dem unehelichen Sohn ihres Ehemannes (zudem mit einer Frau unter ihrem Stand gezeugt) als ödipales Objekt anbieten?

den Vater zu kopieren und zu übertreffen« (ebd.). Verhängnisvoller noch war, daß er sich als Schöpfer seiner Bilder verhalten habe wie sein Vater zu ihm. »Er schuf sie und kümmerte sich nicht mehr um sie, wie sein Vater sich nicht um ihn bekümmert hatte.« (Ebd.)

Daß Leonardo sich nicht um seine Bilder »kümmerte«, gilt in dieser apodiktischen Form allenfalls für die *Schlacht von Anghiari*. Die *Mona Lisa* dagegen führte er immer mit sich und gab sie bis zu seinem Tod nicht aus der Hand (dasselbe gilt, wie Collins bemerkt, auch für den *Bacchus* und für den *Heiligen Johannes*; vgl. Collins, 1997, S. 107). Auch die extrem langen Arbeitszeiten, die Leonardo für seine Bilder benötigte, passen nicht in das Bild des »Sich-nicht-Kümmerns«. *Zutreffender wäre: er konnte sie nicht loslassen.* Ein weiterer Einwand geht in die andere Richtung: Wenn Leonardo ab seinem fünften Lebensjahr bei seinem Vater lebte, bis er zu Andrea del Verrocchio in die Lehre kam, dann wäre dies nicht gerade ein Beleg dafür, daß Leonardos Vater sich nicht um seinen Sohn »bekümmert hatte«. Diesen Einwand läßt Freud nicht gelten:

> Die spätere Sorge des Vaters konnte an diesem Zwang [sich nicht mehr um seine Bilder zu kümmern, M. C.] nichts ändern, denn dieser leitete sich von den Eindrücken der ersten Kinderjahre ab, und das unbewußt gebliebene Verdrängte ist unkorrigierbar durch spätere Erfahrungen. (Freud, 1910, S. 144)

Anders sieht Freud Leonardos angebliche Auflehnung gegen seinen Vater:

> Aber wenn die Nachahmung des Vaters ihn als Künstler schädigte, so war die Auflehnung gegen den Vater die infantile Bedingung seiner vielleicht ebenso großartigen Leistung als Forscher. ... So wurde [er] der erste moderne Naturforscher, und eine Fülle von Erkenntnissen und Ahnungen belohnte seinen Mut, seit den Griechen als der Erste, nur auf Beobachtung und eigenes Urteil gestützt, an die Geheimnisse der Natur zu rühren. (S. 145)[35]

Doch zugleich wiederholte Leonardo nur »in der höchsten, dem Menschen erreichbaren Sublimierung« die »Parteinahme« seiner Kinderzeit:

> Aus der wissenschaftlichen Abstraktion in die konkrete individuelle Erfahrung rückübersetzt, entsprachen die Alten und die Autorität doch nur dem Vater, und die Natur wurde wieder die zärtliche, gütige Mutter, die ihn genährt hatte. (Ebd.)

---

[35] Hier ändert Freud erneut die Linie seiner Argumentation. Sein ursprüngliches und zentrales Argument für die Entwicklung von Leonardos »Forscherdrang« war ja die Verdrängung beziehungsweise Sublimierung des Partialtriebs der kindlichen Sexualforschung.

Ähnlich sieht Freud Leonardos Verhältnis zur Religion:

> Wenn jemand wie Leonardo in seiner ersten Kindheit der Einschüchterung
> durch den Vater entgangen ist und in seiner Forschung die Fesseln der Auto-
> rität abgeworfen hat, so wäre es der grellste Widerspruch gegen unsere Er-
> wartung, wenn wir fänden, daß derselbe Mann ein Gläubiger geblieben ist und
> es nicht vermocht hat, sich der dogmatischen Religion zu entziehen. (S. 145f.)

Daß Leonardo in seinen Schriften »Bewunderung für den Schöpfer« hegt,
steht für Freud nicht in Widerspruch dazu:

> ... nichts deutet darauf hin, daß er eine persönliche Beziehung zu dieser Got-
> tesmacht festhalten wollte. Die Sätze, in welche er die tiefe Weisheit seiner
> letzten Lebensjahre gelegt hat, atmen die Resignation eines Menschen, der
> sich der Ananke [im Original griechisch, M. C.], den Gesetzen der Natur un-
> terwirft und von der Güte oder Gnade Gottes keine Milderung erwartet. (S.
> 147)

Halten wir es an dieser Stelle noch einmal fest: Daß Leonardo im Hause
seines Vaters gelebt hat, ist unwahrscheinlich. Praktisch alle mir bekannten Quellen legen nahe, daß Leonardos Vater in Florenz und Leonardo im
Haus seines Großvaters in Vinci lebte. (Eine Ausnahme bildet Schapiro,
1956, S. 149: Er referiert an diesem Punkt kommentarlos Freud, das
heißt, er legt sich persönlich nicht fest.) Informationen oder Hinweise, die
Freuds These von Leonardos Identifizierung mit seinem Vater oder Auflehnung gegen ihn belegen würden, trägt Freud nicht vor. Es liegt deshalb
nahe, hier von einer Spekulation Freuds zu sprechen oder, mit Bruno La-
tour, von einem »faitish«. Aber welche Gründe könnten Freud zu dieser
Spekulation bewogen haben? Seine zentralen Thesen hat er bereits vorgetragen, und diese sind, bei allen Einwänden, die dagegen erhoben werden können, wesentlich besser belegt als seine Ausführungen über Leonardos Verhältnis zu seinem Vater.

Ich möchte deshalb die These wagen, daß Freud in diesem Kapitel implizit, möglicherweise unbewußt, sein Verhältnis zu Leonardo zum Ausdruck brachte. Auffällig sind in diesem Zusammenhang die zuletzt zitierten Gedanken Freuds zu Leonardos Agnostizismus und seiner Orientierung an der Ananke, den Gesetzen der Natur. Dies entspricht Freuds
eigener Philosophie und Weltanschauung. Seine Kritik an der Religion
und sein eigener Agnostizismus sind bekannt,[36] und die »Ananke«, für

---

[36] »Die Psychoanalyse hat uns den intimen Zusammenhang zwischen dem Vaterkom-
plex und der Gottgläubigkeit kennengelehrt, hat uns gezeigt, daß der persönliche Gott

die Freud häufig auch den Begriff »Lebensnot« verwendet, ist ein zentraler Begriff seines Denkens. Auch sein Interesse an Forschung, seine Respektlosigkeit gegenüber Autoritäten, seine Orientierung an Beobachtung und eigenem Urteil bilden eine Parallele zu seinem Bericht über Leonardo. Die Ähnlichkeiten reichen bis in die frühe Kindheit: auch Freud hatte eine sehr intensive Beziehung zu seiner Mutter. Also, so ließe sich schlußfolgern, ist auch Freud eine Sublimierung seiner infantilen Sexualforschung gelungen, eine Sublimierung in »Forscherdrang«.

Mußte Freud seine intensive »erotische Bindung« an die Mutter in demselben Maße verdrängen wie Leonardo, eine Verdrängung, die diesen schließlich homosexuell werden ließ? Offenbar nicht. Allenfalls in sublimierter Form könnte man bei Freud von einer »ideellen« Homosexualität sprechen, wie er sie Leonardo unterstellt (bekannt sind seine intensiven Beziehungen unter anderem zu Fließ und Jung). Auch von einer Unterwerfung unter die Autorität des Vaters oder einer Einschüchterung durch ihn wissen wir bei Freud nichts. Auffällig ist im Gegenteil seine Respektlosigkeit gegenüber Autoritäten, wozu meines Erachtens auch seine psychoanalytische Religionskritik zu rechnen ist.

Also wäre Freud, vor dem Hintergrund seiner intensiven Mutterbindung, ein Stück weit der ödipale Triumph über den Vater gelungen. Leonardo dagegen, so haben wir gesehen, sei die Auflehnung gegen den Vater, zum Schaden für seine Kunst, nur teilweise gelungen. Vor allem mußte er, im Rahmen seiner Entwicklung zum Homosexuellen, für seine intensive Mutterbindung den hohen Preis einer Hemmung und Verkümmerung seiner Sexualität bezahlen. *Somit wäre Freud letztlich ein Triumph über Leonardo gelungen.* Auch er, Freud, hat wie Leonardo Bahnbrechendes geschaffen, etwas der Wendung von Geo- zum Heliozentrismus und der Darwinschen Abstammungslehre Vergleichbares, ein neues Paradigma des Denkens. Aber er ist weder manifest homosexuell geworden, noch gehemmt, noch in seiner Sexualität bzw. in seinem Interesse an ihr verkümmert, wie sein Lebenswerk zeigt – während Leonardo als Künstler wie in seiner Sexualität für Freud in hohem Maße gehemmt und neurotisch war.

Stellt man in dieser Weise Freuds Lebensgeschichte neben seine Darstellung von Leonardo, dann drängt sich der Eindruck auf, als habe Freud implizit – auf der Ebene eines *latenten* Textes – eine Gegenüberstellung von »neurotisch« und »nicht neurotisch«, »pathologisch« und »normal«

psychologisch nichts anderes ist als der erhöhte Vater ...« (Freud, 1910, S. 146) zu seinen Gunsten vorgenommen.[37] Sie kann uns auf die lebensge-schichtlichen Konflikte verweisen, die Freud zur Zeit der Abfassung sei-nes Leonardo-Textes bewegten.

Gay (1989) hat auf seine »Obsession« hingewiesen, auf seine, wie Freud selbst formulierte, »homosexuelle[n] Gefühle« Fließ und Jung ge-genüber (zit. nach Gay, 1989, S. 313):

> Die geheime Energie, die diese Obsession beseelte, hinterließ verräterische Spu-ren in Freuds Korrespondenz und Verhalten in jenen Jahren. Ihre Quelle waren Erinnerungen an Fließ, mit dem er – irrtümlicherweise – für immer fertig zu sein glaubte. (S. 311)

Über sein Verhältnis zu Fließ und seine homosexuellen Gefühle ihm ge-genüber schreibt Freud am 6. Oktober 1910 an Ferenczi:

> Seit dem Fall Fließ ... ist dieses Bedürfnis bei mir erloschen. Ein Stück homo-sexueller Besetzung ist eingezogen und zur Vergrößerung des eigenen Ichs verwendet worden. Mir ist das gelungen, was dem Paranoiker mißlingt. (Zit. nach Gay, 1989, S. 312)

»Paranoiker«, so fügt Gay hinzu, bedeutete in Freuds damaligem »techni-schen Vokabular« einen Homosexuellen, »zumindest einen latenten« (ebd.). Doch die überwunden geglaubten homosexuellen Gefühle tauchten noch einmal wieder auf: gegenüber Jung. Berühmt geworden sind die Ohn-machtsanfälle Freuds in Anwesenheit Jungs, die Jones auf Freuds homo-erotische Bindung an Jung zurückführt. Auch Freud selbst äußert sich

---

[37] Ein Beispiel für die in der Regel theoretisch »sublimierten« Tendenzen der Patho-logisierung, ja Abwertung Leonardos als Mensch und Künstler – bei aller manifesten Hochschätzung seiner Kunst und insbesondere seiner Hochachtung vor dem Wissen-schaftler – finden wir am Ende des V. Kapitels. Freud beschäftigt sich hier mit weite-ren infantilen Quellen der außerkünstlerischen Beschäftigungen Leonardos, insbeson-dere mit seinem Interesse am Fliegen und seiner »Verspieltheit«. »Wenn er zu höfi-schen Festlichkeiten und feierlichen Empfängen die kunstvollsten mechanischen Spielereien verfertigte, so sind nur wir damit unzufrieden, die den Meister nicht gern seine Kraft an solchen Tand wenden sehen; er selbst scheint sich nicht ungern mit die-sen Dingen abgegeben zu haben ...« (Freud, 1910, S. 149) Leonardos »Verspieltheit« ist vielfältig belegt. Bekannt ist zum Beispiel die von Vasari (1568) überlieferte An-ekdote, daß Leonardo eine große Eidechse so herausputzte, daß sie wie ein kleiner Drachen aussah. Diesen »Drachen« führte er in einer Schachtel mit sich und ergötzte sich daran, wenn er Freunde mit ihm erschrecken konnte. Andererseits aber gehörte der von Freud monierte »Tand« zu seinen Aufgaben als Hofingenieur, und sicher nicht an letzter Stelle haben Dinge wie etwa der bekannte mechanische, federgetrie-bene Löwe auch zu seinem Ruhm beigetragen. Darüber hinaus darf man vermuten, daß ein Teil dieses Tandes, wäre er erhalten geblieben, heute als Kunstwerk angese-hen würde.

Jones gegenüber freimütig zu diesem Punkt: »Sie haben recht mit der Annahme, daß ich auf Jung homosexuelle Gefühle von einer anderen Seite übertragen habe ...« (Freud brieflich an Jones, 26. Dezember 1912, zit. nach Gay, 1989, S. 313)

Wenn Freud letztlich über den Paranoiker-Homosexuellen triumphiert, dann dürfen wir dies mit gutem Grund auch auf seine Haltung zu Leonardo übertragen. Wir finden sogar einen direkten Hinweis auf Leonardos »Paranoia« in Freuds Vortragsfassung. Das »Du«, das Leonardo in seinen Tagebüchern verwendet, bringt Freud mit den Stimmen in Verbindung, die Paranoiker hören: »Bei der Paranoia ersetzen sich diese Stimmen der Eltern durch die der Kollegen, der anderen. Alle Stimmen sagen ›Du‹ ...« (Nunberg und Federn, 1977, S. 311) Zusammenfassend läßt sich also sagen, daß Freud in seiner Leonardo-Arbeit auch ein Stück Selbstanalyse leistete und sich insbesondere mit seinen homosexuellen Gefühlen auseinandersetzte. Dies ist kein Makel – im Gegenteil. Es macht zugleich aber einige der theoretischen Ungereimtheiten von Freuds Arbeit verständlich, vor allem sein geradezu obsessives Beharren auf Leonardos Hemmung: Dem Paranoiker-Homosexuellen ist mißlungen, was Freud gelungen ist, nicht zuletzt der Einzug der homosexuellen Besetzungen zum Zwecke der »Vergrößerung des eigenen Ichs«.

Im VI. und letzten Kapitel verfolgt Freud erneut zwei Linien. Er unternimmt zunächst eine Zusammenfassung der wichtigsten Persönlichkeitsmerkmale, die er selbst unter dem Titel einer »Pathographie« subsumiert. Abschließend faßt er sein methodisches und methodologisches Vorgehen zusammen, er skizziert gewissermaßen die *Wissenschaftstheorie*, die seinem Essay zugrundeliegt. Ich möchte hier zunächst auf die wichtigsten Punkte der »Pathographie« Leonardos eingehen. Der Freudschen Wissenschaftstheorie habe ich einen eigenen Abschnitt vorbehalten.

Ich hatte bereits darauf hingewiesen, daß Freud erst im VI. Kapitel, am Ende seines Essays, das Ziel seiner Untersuchung klar formuliert: »Das Ziel unserer Arbeit war die Erklärung der Hemmungen in Leonardos Sexualleben und in seiner künstlerischen Tätigkeit.« (Freud, 1910, S. 153) Die Diktion Freuds erscheint jetzt verändert: Sein Ton ähnelt einem Gutachten, er wird schroff, gelegentlich abwertend.[38] Leonardos Leben und

---

[38] Ich möchte in diesem Zusammenhang auf einen Brief Freuds an Reik hinweisen, in dem Freuds ambivalentes Verhältnis Künstlern gegenüber deutlich wird. Die Herausgeber notieren zu diesem Brief: »In demselben Brief an Reik gesteht Freud, daß er

58

Person seien von einem »tragischen Zug des Mißglückens« gekennzeichnet:

> Es beeinträchtigt seine Größe nicht, wenn wir die Opfer studieren, die seine Entwicklung aus dem Kinde kosten mußte, und die Momente zusammentragen, die seiner Person den tragischen Zug des Mißglückens eingeprägt haben. (Ebd.)

Nach einer kurzen Zwischenbemerkung über die fließenden Übergänge zwischen »Neurose« und »Normalität« schreibt Freud:

> Nach den kleinen Anzeichen an Leonardos Persönlichkeit dürfen wir ihn in die Nähe jenes neurotischen Typus stellen, den wir als »Zwangstypus« bezeichnen, sein Forschen mit dem »Grübelzwang« der Neurotiker, seine Hemmungen mit den sogenannten Abulien derselben vergleichen. (Ebd.)

Diese Formulierung erweckt, vorsichtig ausgedrückt, Verwunderung. Bisher war, im Zusammenhang der Begräbniskostenrechnung für »Caterina« (wer immer sie gewesen sein mag), von einem »Anklang an das Geschehen bei der Zwangsneurose« die Rede (S. 131). Der »Grübelzwang« wurde als die *neurotische* Lösung bei der Verarbeitung der frühkindlichen Sexualforschung betrachtet, im Gegensatz zu Leonardos *nicht neurotischer* Lösung in Sublimierung (S. 106f.). Nunmehr steht Leonardo in der »Nähe« des »Zwangstypus«. Wie nahe er ihm steht, verschweigt Freud. Leonardos »Hemmung«, wie immer man sie beurteilen mag, darüber hinaus als »Abulien«, das heißt als Entscheidungs- und Willensschwäche zu betrachten, wirkt angesichts des gigantischen Lebenswerkes Leonardos gleichermaßen befremdlich.

Freud faßt die verschiedenen Aspekte von Leonardos »Pathographie« zusammen, die »akzidentellen Umstände seiner Kindheit«, die eine »tiefgreifende störende Wirkung ausüben« (Freud, 1910, S. 153):

> Seine illegitime Geburt entzieht ihn bis vielleicht zum fünften Lebensjahr dem Einflusse des Vaters und überläßt ihn der zärtlichen Verführung einer Mutter, deren einziger Trost er ist. Von ihr zur sexuellen Frühreife emporgeküßt, muß er wohl in eine Phase infantiler Sexualbetätigung eingetreten sein, von welcher nur eine einzige Äußerung sicher bezeugt ist, die Intensität seiner infantilen Sexualforschung. Schau- und Wißtrieb werden durch seine frühkindlichen Eindrücke an stärksten erregt; die erogene Mundzone empfängt eine Betonung,

---

Dostojewski eigentlich nicht sonderlich liebe; seine Geduld mit Neurotikern erschöpfe sich in der Analyse. Es besteht jedoch kein Zweifel, daß er ihm als Schriftsteller den höchsten Rang zubilligte.« (Freud, 1928, S. 270; Anm. der Hg.)

die sie nie mehr abgibt. Aus dem später gegenteiligen Verhalten, wie dem über-
großen Mitleid mit Tieren, können wir schließen, daß es in dieser Kindheitspe-
riode an kräftigen sadistischen Zügen nicht fehlt. (S. 153f.)

Diese Zusammenfassung entspricht nicht genau dem, was Freud bisher
vorgetragen hatte. Genau genommen hatte er bisher nur betont, daß Leonardos frühkindliche Sexualforschung in Wißbegierde sublimiert wurde,
wobei er durch die Abwesenheit seines leiblichen Vaters »in seinem jungen Leben ein Problem mehr vorfand als andere Kinder, mit besonderer
Leidenschaft über diese Rätsel zu grübeln begann und so frühzeitig ein
Forscher wurde, den die großen Fragen quälten, woher die Kinder kommen und was der Vater mit ihrer Entstehung zu tun habe« (Freud, 1910,
S. 118). Das ist gewiß keine gravierende Abweichung, auffällig ist nur
der Hinweis, daß es »sicher bezeugt« sei, daß dieser Forschertrieb neben
dem Schautrieb durch seine frühkindlichen Eindrücke *am stärksten* erregt
wurde. Im selben Atemzug weist Freud auch auf die große »Betonung«
der erogenen Mundzone hin, was jedoch etwas anderes ist als sublimierte
Wißbegierde. Über das weitere Schicksal dieser »Betonung« erfahren wir
nichts, auch nicht, was damit gemeint ist.

Deutlicher ist die Abweichung, was den »Schautrieb« Leonardos anbelangt. Freud hatte nämlich im Zusammenhang der kindlichen Sexualphantasie vom mütterlichen Penis nur *allgemein* darauf hingewiesen, daß
»das Kind«, ehe es »unter die Herrschaft der Kastrationsdrohung« gerät,
»eine intensive Schaulust als erotische Triebbetätigung« entwickelt
(Freud, 1910, S. 121). Freud hatte Recht, diese Überlegung an jener Stelle
sehr allgemein zu halten, da er keine spezifischen Hinweise auf eine intensiv ausgeprägte Schaulust Leonardos hatte. Nunmehr unterstellt er mit
einer Art ad-hoc-Hypothese, daß ein großer Maler wie Leonardo in seiner
Kindheit auch eine besonders intensive Schaulust an den Tag legte – ohne
diesen Gedanken weiter zu verfolgen. Daß eine Berücksichtigung der
Schaulust bei einer Rekonstruktion von Leonardos kindlichem Triebschicksal jedoch zu einem ausgewogeneren Bild führen könnte, darauf
hatte ich oben bereits hingewiesen.

Die anschließend in komprimierter Form vorgetragene Darstellung der
Entwicklung Leonardos in den Termini von Abwehrformationen zeigt
noch einmal, wie komplex Freud diese Entwicklung versteht. Es handelt
sich um einen *zweifachen Sublimierungsvorgang, einen Verdrängungs-
prozeß und um eine in den mittleren Jahren einsetzende Regression.* Die

erste Sublimierung – die Freud in diesem Zusammenhang nur noch indirekt anspricht – haben wir bereits kennengelernt: die Sublimierung der kindlichen Sexualforschung in Wißbegierde. In der Pubertät komme es dann, gewissermaßen als Verlängerung der ersten Sublimierung, zu einem zweiten Sublimierungsprozeß, der die sexuelle Askese Leonardos verstärkt. Die Pubertät nötigt Leonardo nicht zu »kostspieligen und schädlichen Ersatzbildungen«: »... der größere Anteil der Bedürftigkeit des Geschlechtstriebes wird sich dank der frühzeitigen Bevorzugung der sexuellen Wißbegierde zu allgemeinem Wissensdrang sublimieren können und so der Verdrängung ausweichen.« (Freud, 1910, S. 154) Zwischen diesen beiden Sublimierungsvorgängen steht die Verdrängung der intensiven erotischen Beziehung zur Mutter: »Ein energischer Verdrängungsschub bereitet diesem kindlichen Übermaß ein Ende und stellt die Dispositionen fest, die in den Jahren der Pubertät zum Vorschein kommen werden.« (ebd.) – Das heißt, so darf man ergänzen: seine Hemmung und seine Homosexualität.

Einmal mehr wird ein Problem deutlich, das schon früher angesprochen wurde: Freuds fehlende oder zumindest unscharfe Begründung, warum es zu einem derartig energischen »Verdrängungsschub« kam. Auch Collins stellte sich, wie am Rande bereits erwähnt, diese Frage (vgl. Collins, 1997, S. 7). Einfach, weil das »kindliche Übermaß« der erotischen Bindung nur mit einem ebenso starken »Verdrängungsschub« in Schach gehalten werden konnte? Damit entsteht aber die Frage, warum im einen Fall eine Sublimierung möglich, im anderen Fall aber eine Verdrängung erforderlich war.[39] Beide Vorgänge müssen sich ja in etwa zeitgleich abgespielt haben. Handelt es sich im einen Fall um einen »externen« Faktor, das heißt um die Abwesenheit des Vaters, während im anderen Fall eine innere Schranke zum Tragen kam? Fragen über Fragen, auf die Freud die Antwort schuldig bleibt.

Wenig mehr als offene Fragen hinterließ auch, um diesen Punkt noch einmal aufzugreifen, das bei einem Maler nicht unbedeutende Problem, welches Schicksal dem Partialtrieb der Schaulust beschieden war. Wurde auch er verdrängt, was aber schwerlich zur Entwicklung eines großen Malers paßt? Oder wurde er wie die »Wißbegierde« sublimiert, mit Freud (1910, S. 107) zu einer Form, in der die »Beschäftigung mit sexuellen

---

[39] Ich möchte darauf hinweisen, daß Freud mit fast identischen Formulierungen (»Schub energischer Sexualverdrängung«, »energischer Verdrängungsschub«) davon spricht, daß die kindliche Sexualforschung verdrängt und *zugleich* sublimiert wurde (1910, S. 106), daß die Liebe zur Mutter aber *nur* verdrängt wurde (S. 154).

Themen vermieden wird«? Weiter oben hatte ich bereits darauf verwiesen, daß die Unterscheidung zwischen Sublimierung und Verdrängung unscharf wird, wenn in solcher Weise im Rahmen der Sublimierung der Verdrängung Rechnung getragen wird.[40] Warum kann es, wofür Freud selbst ja ein Beispiel ist, nicht auch Sublimierung *gerade* in Form der Beschäftigung mit sexuellen Themen geben? Wollte Freud möglicherweise durchgängig das Ausmaß der Verdrängung und damit letztlich ja auch der Neurose bei Leonardo möglichst hoch ansetzen? Trotz aller Bemühungen Freuds, ein komplexes psychologisches Bild von Leonardo zu entwerfen, zeigt sich an der *Schaulust*, einem aus psychoanalytischer *wie* künstlerischer Perspektive bedeutsamen Partialtrieb, daß es Freud *nicht gelungen ist, einen wichtigen Aspekt der Person und des Künstlers Leonardo psychoanalytisch zu erhellen.*

Abschließend möchte ich noch einmal auf den Regressionsvorgang zu sprechen kommen, der, so Freud, zu einer immer ausgeprägteren Hemmung des Künstlers durch den Wissenschaftler Leonardo führte. Freud greift diesen Gedanken im Zusammenhang seiner »Pathographie« noch einmal in einer anderen Version auf:

> In aufblühender Jugend scheint Leonardo zunächst ungehemmt zu arbeiten. Wie er in seiner äußeren Lebensführung den Vater zum Vorbild nimmt, so durchlebt er eine Zeit männlicher Schaffenskraft und künstlerischer Produktivität in Mailand, wo ihn die Gunst des Schicksals in Herzog Lodovico Moro einen Vaterersatz finden läßt. Aber bald bewährt sich an ihm die Erfahrung, daß die fast völlige Unterdrückung des realen Sexuallebens nicht die günstigste Bedingung für die Betätigung der sublimierten sexuellen Strebungen ergibt. Die Vorbildlichkeit des Sexuallebens macht sich geltend, die Aktivität und die Fähigkeit zu raschem Entschluß beginnt zu erlahmen, und die Neigung zum Erwägen und Verzögern wird schon beim heiligen Abendmahl störend bemerkbar ...« (Freud, 1910, S. 154f.)

Damit stehen wir wieder vor zwei neuen und unerwarteten Gedanken. Zum einen eröffnet sich jetzt – trotz Sublimierung, Hemmung und Verdrängung – für Leonardo offenbar durch die Identifizierung mit Vater und Vaterersatz eine ungehemmte Schaffensperiode. Zuvor noch hatte Freud gerade den störenden und hemmenden Einfluß der Identifizierung mit

---

[40] Zudem wurde bereits angesprochen, was im folgenden Abschnitt ausführlicher gezeigt werden soll: Angesichts von Leonardos Bildern läßt sich die These nicht aufrecht erhalten, daß er »sexuellen Themen« ausgewichen wäre.

dem Vater hervorgehoben, während umgekehrt die Auflehnung gegen den Vater für die Entwicklung eines von Autoritäten unabhängigen Forschers und Philosophen günstig war. Zum anderen führt Freud seinen neuen Gedanken von der »Vorbildlichkeit des Sexuallebens« zwar ein, aber nicht weiter aus. Statt dessen verweist er auf seine Überlegungen zu Leonardos Homosexualität.

Zugleich wird der andere neue Gedanke einer positiven Vateridentifizierung nun als Begründung für den Regressionsprozeß in Anspruch genommen: Der Regressionsprozeß wird dadurch ausgelöst, daß die Gönner, die den Vater ersetzen, wegfallen.[41]

> Langsam vollzieht sich nun bei ihm ein Vorgang, den man nur den Regressionen der Neurotiker an die Seite stellen kann. Die Pubertätsentfaltung seines Wesens zum Künstler wird durch die frühinfantil bedingte zum Forscher überholt, die zweite Sublimierung seiner erotischen Triebe tritt gegen die uranfängliche, bei der Verdrängung vorbereitete zurück. Er wird zum Forscher, zuerst noch im Dienste seiner Kunst, später unabhängig von ihr und von ihr weg. Mit dem Verlust des den Vater ersetzenden Gönners und der zunehmenden Verdüsterung im Leben greift diese regressive Ersetzung immer mehr um sich. (Freud, 1910, S. 155)

Der Rest sind quasi gutachterliche Sätze, in denen das zunehmende Scheitern Leonardos, und zwar nicht nur das »Verkümmern« seiner Kunst, sondern nun auch das Neurotische seiner Forschung unterstrichen wird:

> Das Forschen aber, das ihm nun das künstlerische Schaffen ersetzt, scheint einige der Züge zu tragen, welche die Betätigung unbewußter Triebe kennzeichnen, die Unersättlichkeit, die rücksichtslose Starrheit, den Mangel an Fähigkeit, sich realen Verhältnissen anzupassen. (Ebd.)

Auch darin läge ein weiterer Triumph Freuds: der Triumph des Realitätstüchtigen über den Träumer und Spinner.

Halten wir also fest: *Aus der Perspektive der Freudschen Thesen ist die »frühinfantil« durch Sublimierung angelegte Disposition zum Forscher in Verbindung mit einem bestimmten, »gehemmten« Typus von Homosexualität letztlich verantwortlich für die Tragik, das tragische »Mißglücken« von Leonardos Leben und künstlerischem Schaffen.* Ich neige mehr denn je

---

[41] Allerdings bleiben nach wie vor entscheidende Fragen offen: Wenn Leonardos »Aktivität« als Künstler erlahmte, warum nicht zugleich seine Aktivität als Wissenschaftler, als Maler-Philosoph, als Ingenieur? Und wenn Regression auf die frühinfantile Sublimierung stattfand, warum nicht auch auf den sublimierten Schautrieb?

zu der Ansicht, daß Freud a priori – aus welchen Gründen auch immer – eine »Hemmung« Leonardos präsupponierte und auf der Basis von spärlichem empirischen Material eine dazu passende Theorie konstruierte. Möglicherweise war er der Ansicht, am Beispiel Leonardos einen bestimmten »Charaktertypus« exemplifizieren zu können.[42]

Das Merkwürdige, ja Paradoxe an Freuds Essay ist jedoch, *daß er seine überzeugendsten Interpretationen da entwickelte, wo er sich auf ein eindeutig falsches Datum bezog,* nämlich bei der »Geier«-Phantasie auf einen Geier, der nur in Freuds Phantasie flog, weil er in Wirklichkeit ein Milan war. Zwar täuschte sich Freud in den empirischen Merkmalen des Vogels. Zugleich allerdings war er sehr wohl in der Lage, *wesentliche unbewußte Aspekte in Leonardos »Erinnerung« herauszuarbeiten.* Darauf werde ich im folgenden zurückkommen.

Leonardos Bilder

Wer an Leonardos Bilder denkt, den wird die Erinnerung an ein merkwürdiges, berückendes und rätselhaftes Lächeln mahnen, das er auf die Lippen seiner weiblichen Figuren gezaubert hat. Ein stehendes Lächeln auf langgezogenen, geschwungenen Lippen; es ist für ihn charakteristisch geworden und wird vorzugsweise »leonardesk« genannt. In dem fremdartig schönen Antlitz der Florentinerin Mona Lisa del Gioconda hat es die Beschauer am stärksten ergriffen und in Verwirrung gebracht. (Freud, 1910, S. 132f.)

Die bekannten Deutungen befriedigen Freud nicht, etwa, daß das Mienenspiel der *Mona Lisa* (1503-1507) die vollkommenste Darstellung der Gegensätze sei, »die das Liebesleben des Weibes beherrschen, der Reserve und der Verführung, der hingebungsvollen Zärtlichkeit und der rücksichtslos heischenden, den Mann wie etwas Fremdes verzehrenden Sinnlichkeit« (S. 133). Die Spur, die er verfolgt, findet er eher in Interpretationen, wie denen von Pater oder Herzfeld. Während Pater auf das »Unheilverkündende« verweise, das stets mit dem leonardesken Lächeln verbunden sei, vermute Herzfeld, in der Lisa del Gioconda bzw. ihrem Bilde sei »Leonardo sich selbst begegnet« (Freud, 1910, S. 135).

---

[42] Darauf verweist im übrigen auch eine briefliche Mitteilung Freuds an Jung: »Das Charakterrätsel Leonardo da Vincis ist mir plötzlich durchsichtig geworden. Das ergäbe also einen ersten Schritt in die Diagnostik. Aber das Material über Leonardo ist so spärlich, daß ich daran verzweifle, meine gute Überzeugung anderen faßbar darzustellen.« (Zit. bei Tögel, 1992, S. 46)

Burlington-House-Karton (Anna Selbdritt), 1501
Kohle überhöht mit Weiß, auf braunem Papier, 139,4 x 101,3 cm

Mona Lisa (La Gioconda) 1503 - 1507
Öl auf Holz, 76,8 x 53 cm

Anna Selbdritt, um 1508 - 1510
Öl auf Holz, 168,6 x 130,2 cm

Studie zu einer knienden Leda mit Schwan, um 1505-1510
Feder und Tinte über schwarzer Kreide, 160 x 139 mm

»Leda«
Unbekannter Künstler, nach Leonardo

Angel in the flesh, 1513 - 1514

Hl. Johannes der Täufer, um 1513 - 1516
Öl auf Holz, 69,2 x 57,2 cm

Bacchus, um 1511 - 1515
Öl auf Leinwand (ursprünglich Holztafel), 77,2 x 114,9 cm

Natürlich verfolgt Freud diese Spur in *seinem* Sinne, so wie er sie mit seiner Interpretation der Geier/Milan-Phantasie gründlich vorbereitet hat, und natürlich hat auch Freud das eigenartig Ambivalente dieses Lächelns bemerkt. Freud bezieht es auf Leonardos Mutterbeziehung: »... wir beginnen zu ahnen, daß seine Mutter das geheimnisvolle Lächeln besessen, das er verloren hatte und das ihn so fesselte, als er es bei der Florentiner Dame wiederfand.« (S. 136) Zum ersten Mal – angeregt offenbar durch das Geheimnisvolle, vielleicht auch Unheimliche des Portraits – sieht Freud jetzt in Leonardos Mutterbeziehung etwas Zwiespältiges, ja Bedrohliches.

Hatte die »Überzärtlichkeit« der Mutter bisher dazu gedient, eine Mutter-Kind-Idylle auszumalen, so kommt jetzt, nachdem Freud seine Thesen zur Homosexualität Leonardos herausgearbeitet hat, auch deren Kehrseite zum Vorschein: Die Zärtlichkeit ist zugleich Leonardos »*Verhängnis*«, die psychische Grundlage für das »*Unglück seines Liebeslebens*« (S. 141; Herv. M. C.). »Denn die Zärtlichkeit der Mutter wurde ihm zum Verhängnis, bestimmte sein Schicksal und die Entbehrungen, die seiner warteten. Die Heftigkeit der Liebkosungen, auf die seine Geierphantasie deutet, war nur allzu natürlich.« (S. 139) »Natürlich« deshalb, weil die Liebe zum Sohn der Mutter als Ersatz für die Partnerliebe dienen mußte: »So nahm sie nach Art aller unbefriedigten Mütter den kleinen Sohn anstelle ihres Mannes an und *raubte ihm durch die allzu frühe Reifung seiner Erotik ein Stück seiner Männlichkeit.*« (S. 140; Herv. M. C.)

Auch im Bild der *Anna Selbdritt* (1506-1513) findet Freud das »leonardeske« Lächeln wieder, diesmal allerdings ohne seinen »unheimlichen und rätselhaften Charakter«. Es drücke vielmehr »Innigkeit und stille Seligkeit« aus (S. 137). Bei einer »gewissen Vertiefung« in das Bild werde auch hier deutlich, daß Leonardo ein Stück Lebensgeschichte gemalt habe: »Nur Leonardo konnte dieses Bild malen, wie nur er die Geierphantasie dichten konnte. In dies Bild ist die Synthese seiner Kindheitsgeschichte eingetragen ...« (Ebd.) Da Leonardo, so Freud, spätestens nach seinem fünften Lebensjahr im Haus seines Vaters und Großvaters aufwuchs, war er dort mit zwei Frauenfiguren konfrontiert: mit der Frau seines Vaters, also seiner Stiefmutter, Donna Albiera, und mit seiner Großmutter, Monna Lucia. Damit sei es für Leonardo naheliegend gewesen, eine von Großmutter und Stiefmutter behütete Kindheit darzustellen. Noch auffälliger sei, daß sich Anna und Maria im Alter kaum unterschieden:

Die heilige Anna, die Mutter der Maria und Großmutter des Knaben, die eine Matrone sein müßte, ist hier vielleicht etwas reifer und ernster als die heilige Maria, aber noch als junge Frau von unverwelkter Schönheit gebildet. Leonardo hat in Wirklichkeit dem Knaben zwei Mütter gegeben, eine, die die Arme nach ihm ausstreckt, und eine andere im Hintergrund, und beide mit dem seligen Lächeln des Mutterglücks ausgestattet. (Ebd.)

Wie in einem Traum haben wir es hier also mit einer »Mischeinheit«, einer Verdichtung, zu tun: zum einen mit Maria und Anna, Mutter und Großmutter des Jesusknaben (Donna Albiera und Monna Lucia), zum anderen mit zwei fast gleichaltrigen Frauen, zwei Müttern (Donna Albiera und Catarina, seine leibliche Mutter).

Mit dem seligen Lächeln der heiligen Anna hat der Künstler wohl den Neid verleugnet und überdeckt, den die Unglückliche verspürte, als sie der vornehmeren Rivalin, wie früher den Mann, so auch den Sohn abtreten mußte. (Freud, 1910, S. 138)

Die Idylle, die Freud hier erneut auszumalen versucht – mit der »gute[n] Stiefmutter Donna Albiera« (S. 137) und der zärtlichen Großmutter Monna Lucia –, beruht auf außerordentlich spekulativen Annahmen. Es ist, wie bereits erwähnt, unwahrscheinlich, daß Ser Piero, Leonardos Vater und Notar der Florentiner Signoria, mit seiner jungen Frau, der Florentinerin Donna Albiera, in Vinci im Hause seines Vaters, also Leonardos Großvaters, lebte.

Auch andere Aspekte der in *Anna Selbdritt* dargestellten Szene sind nicht ohne weiteres so idyllisch, wie Freud annimmt. Eine Reihe von Interpreten (zum Beispiel Collins, 1999) haben auf die Symbolik des Bildes hingewiesen. Das Lamm, das von dem Jesusknaben umarmt wird, ist auch ein Hinweis auf die Passion Christi. Daß Anna und Maria lächelnd auf Jesus – und damit auf dessen Passion – schauen, könnte gerade den »rätselhaften und unheimlichen Charakter« des Bildes herstellen, den Freud (1910, S. 137) verneint.

Aus kunstgeschichtlicher Sicht sind ebenfalls schwerwiegende Einwände gegen Freuds Interpretation der *Anna Selbdritt* erhoben worden. Freud schreibt: »Die heilige Anna mit Tochter und Enkelkind ist ein in der italienischen Malerei selten behandelter Gegenstand; die Darstellung Leonardos weicht jedenfalls weit von allen sonst bekannten ab.« (S. 136) Kris, so muß ich leider sagen, betet Freuds Behauptung nach, die Anna Selbdritt sei von Leonardo »zum ersten Mal vielleicht in der italienischen

Malerei« dargestellt worden (Kris, 1977, S. 17). Schapiro (1956) weist darauf hin, daß das Thema der *Anna Selbdritt* ein traditionelles Thema der italienischen Malerei war und durch den Kult der Heiligen Anna seit Ende des 15. Jahrhunderts noch weiter an Popularität gewann. Auch der geringe Altersunterschied zwischen Anna und Maria war nicht unüblich:

> Contrary to Freuds belief, Anne and Mary had been represented together as young saints long before Leonardo … Anne's youthfulness in certain images may be explained by the theological idealization of Anne as the double of her daughter Mary and by a general tendency in the art of the Middle Ages and the Renaissance to picture female saints as beautiful virginal figures. (Schapiro, 1956, S. 161) [43]

Daß nur Leonardo dieses Bild so malen konnte, bleibt eine ebenso kühne wie widerlegbare These Freuds. Dieses Beispiel zeigt zugleich, daß gerade die psychoanalytische Kunstinterpretation sich mit den Erkenntnissen der Kunstgeschichte vertraut machen muß.

Zum Abschluß seiner Bildanalysen geht Freud auf das leonardeske Lächeln bei zwei dem Augenschein nach männlichen Gestalten ein, auf das Lächeln des *Bacchus* (1511-1515) und des *Heiligen Johannes* (1513-1516), den beiden letzten erhaltenen Gemälden Leonardos. Freud kommentiert deren offensichtliche Androgynität, beläßt es aber bei einem knappen Hinweis auf mögliche inzestuöse Phantasien Leonardos:

> Die Gestalten sind mannweiblich, aber nicht mehr im Sinne der Geierphantasie, es sind schöne Jünglinge von weiblicher Zartheit mit weibischen Formen; sie schlagen die Augen nicht nieder, sondern blicken geheimnisvoll triumphierend, als wüßten sie von einem großen Glückserfolg, von dem man schweigen muß; das bekannte berückende Lächeln läßt ahnen, daß es ein Liebesgeheimnis ist. Möglich, daß Leonardo in diesen Gestalten das Unglück seines Liebeslebens verleugnet und künstlerisch überwunden hat, indem er die Wunscherfüllung des von der Mutter betörten Knaben in solch seliger Vereinigung von männlichem und weiblichem Wesen darstellt. (Freud, 1910, S. 141)

Die Gestalten sind für Freud androgyn, aber *gerade nicht* »im Sinne der Geierphantasie«, das heißt im Sinne des Phantasmas der phallischen Mutter mit Brust und Penis. Indem Freud die Androgynität des *Bacchus* und des *Heiligen Johannes* auf die Phantasie einer inzestuösen Wunscher-

---

[43] Allerdings kann Schapiro selbst (ebd.) nur zwei überzeugende Beispiele für Darstellungen der *Anna Selbdritt* mit gleichaltrigen Frauen anführen: von Luca di Tommè (1367) und Lucas Cranach dem Älteren (1509). Weitere Beispiele werden jedoch von Collins (1997, S. 58) erwähnt.

füllung (und in diesem Sinne einer Vereinigung von »männlichem und weiblichem Wesen«) reduziert, negiert er zugleich das Faszinosum Androgynität und das sich darauf richtende Begehren Leonardos. Ganz auf der Linie der Hemmungstheorie unterstellt Freud, daß es für Leonardo nur regressive ödipale Phantasien gab, nicht aber reale Liebesobjekte, die er mit seinem androgynen Begehren liebte.

Ich möchte zur Verdeutlichung abschließend auf eine Zeichnung Leonardos eingehen, die zugleich Freuds These von Leonardos sexueller Abstinenz als Schriftsteller und Maler in Frage stellt: auf den erst kürzlich entdeckten *Angel in the Flesh* (ca. 1513-14).[44] Die Zeichnung weist formal eine Reihe von Ähnlichkeiten mit dem *Heiligen Johannes*, in einigen Aspekten auch mit dem *Bacchus* auf. Fast identisch mit dem *Heiligen Johannes* sind die Kopfhaltung, die Haare und der androgyne Gesichtsausdruck. Teilweise übereinstimmend ist die Geste der Hand mit dem für Leonardo charakteristischen, emporgereckten Zeigefinger. Allerdings ist der Arm des *Heiligen Johannes* quer über den Oberkörper gestreckt (von Betrachter aus von links nach rechts), so daß er diesen teilweise verbirgt. Der Unterkörper ist nicht sichtbar, er löst sich gewissermaßen im Dunkel des unteren Bilddrittels auf. Bei *Angel in the Flesh* hingegen sind Ober- und Unterkörper deutlich sichtbar. Dadurch enthüllt sich, was beim *Heiligen Johannes* verborgen ist: Die Brust ist eindeutig als eine weibliche gestaltet, und den Unterkörper ziert ein eindrucksvoll erigierter Penis.[45]

Freud kannte diese Zeichnung noch nicht. Deutlicher als seine Spekulationen über den Geier hätte die Zeichnung jedoch die Grundlinie seiner Interpretation der »Geierphantasie« erhärtet. Für Freud besaß der Vogel die beiden Dimensionen der Mutter mit der Brust und der Mutter mit dem Penis. Daß der Vogel für Freud ein Geier war, hatte, wie erörtert, lediglich für zwei Überlegungen Freuds Bedeutung: hinsichtlich der wenig plausiblen Phantasie Leonardos, er sei selbst ein »Geierkind« gewesen, und bezüglich der androgynen Gottheit Mut (was jedoch für die Interpre-

---

[44] Die Authentizität dieser Zeichnung ist nicht unumstritten. Collins (1997, S. 88 und Abb. 12) sowie Arasse, der sie »l'ange encarné« nennt (1997, S. 468 und Abb. 319), gehen von ihrer Echtheit aus. Zöllner (2003) hält sie für eine später entstandene Fälschung (persönl. Mitteilung).

[45] Die Bedeutung der Bildstruktur von *Angel in the Flesh* erhöht sich noch, wenn man sie mit der Kopie einer offenbar verlorengegangenen anderen Zeichnung Leonardos vergleicht, mit dem *Engel der Verkündigung* (ca. 1505-1507; vgl. Collins, 1997, Abb. 17). Die Bildstruktur ist nahezu identisch, lediglich die Brust ist nicht ganz eindeutig als weibliche Brust erkennbar und die Hüften sind mit einem Tuch verhüllt.

tation der Geierphantasie ohne direkte Relevanz blieb, da Freud nicht annahm, daß Leonardo diese Symbolik kannte).

Aber unabhängig davon, um welche Art von Vogel es sich handelt: Eine Zeichnung wie *Angel in the Flesh* macht deutlich, mit welch bewundernswerter Intuition Freud die androgyne Struktur der Vogelreminiszenz Leonardos entschlüsselt hat. In den androgynen Gesichtern des *Heiligen Johannes* und des *Bacchus* wird diese Bedeutung zugleich gezeigt und verhüllt, in der anatomischen Genauigkeit des *Angel in the Flesh* wird sie hingegen offen gezeigt. Zugleich sind diese Bilder – im Sinne der Homosexualitätstheorie Freuds – *Spiegelbilder Leonardos*: Er, der sich mit seiner Mutter identifizierte, war gleichwohl anatomisch ein Mann. Daraus konnte in doppelter Weise die (unbewußte) Phantasie der Androgynität entstehen: Er identifizierte sich als Mann mit der Mutter, die zugleich die phallische Mutter war. Indem er so *selbst die Mutter mit dem Penis war, liebte er Jünglinge, die er in der Phantasie mit androgynen Merkmalen ausstattete*. Zugleich kann diese Androgynität – seine eigene, wie die seiner Liebesobjekte –, wie Freud (1910, S. 141) vermutet, *auch* die »Vereinigung« mit der Mutter in der Phantasie bedeuten.

Berücksichtigt man ein Bild wie *Angel in the Flesh*, in dem meines Erachtens das Geheimnis der Bilder und der Person Leonardos ein Stück weit gelüftet wird, kann man auf Spekulationen, wie sie zum Beispiel von Green (1999) vorgetragen wurden, verzichten. Green kommt auf die Idee, das rechte Bein der Heiligen Anna auf dem »Londoner Karton« der *Heiligen Anna Selbdritt* (1499-1501) repräsentiere den mütterlichen Penis: »Unseres Erachtens kommt dieses dritte Bein in der durch das Bild induzierten Phantasie als symbolische Repräsentation des imaginären Mutterpenis zum Vorschein.« (Green, 1999, S. 49) Er muß jedoch zugestehen, daß der Eindruck vom »dritte[n] Bein« der Heiligen Anna nur auf den ersten Blick, aufgrund eines komplexen und verwirrenden Bildaufbaus, entsteht und daß auf den zweiten Blick deutlich wird, zu welcher Person welches Bein gehört. Mit anderen Worten: im Zuge einer Rekonstruktion des Bildaufbaus verschwindet auch der ominöse mütterliche Penis.[46]

Wesentlich überzeugender sind Greens Ausführungen zu Leonardos

---

[46] Für Herding ist diese These Greens schlechterdings »skurril«. »Den ›phallisch‹ sich aufbäumenden Jesusknaben als Zeichen der marianischen Androgynität zu verstehen (den Knaben als ›Phallus‹ der Urmutter) mag noch angehen, da der Knabe aus ihr hervorgegangen ist ... Aber wie soll man das rechte Bein der Anna als deren Potenzsymbol anerkennen?« (Herding, 1998, S. 42f.)

eigentümlicher Darstellung der Füße und des erhobenen linken Zeigefingers der Heiligen Anna auf dem Londoner Karton. Der rechte Fuß und der erhobene linke Zeigefinger, beide nur in Umrissen gezeichnet, repräsentieren für Green die phallische Symbolik Annas, wobei das Unfertige, Leere dieser Gliedmaßen von Green auf die Formel gebracht wird: »die Mutter besitzt (k)einen Penis« (1999, S. 51).[47] Eklatant kontrastiert dazu der rechte Fuß Marias: »Der Großzeh ist etwas kümmerlich, die vier anderen Zehen sind schlecht gezeichnet und unförmig. Wo Anna das Merkmal der Phallizität aufweist, weist die Jungfrau die Zeichen der Kastration auf.« (Ebd.) Auffällig ist dabei, daß der linke Fuß Annas zu fehlen scheint (das heißt ebenfalls eine Leerstelle, einen Mangel darstellt), während Maria wiederum ein Merkmal der Phallizität besitzt: der Jesusknabe scheint ihrem Körper zu entwachsen.

Folgt man diesen Überlegungen, die sich auch auf Freuds These des Fußes als fetischistischem Symbol des mütterlichen Penis beziehen lassen (alle vier Füße weisen in unterschiedlicher Form einen Mangel auf), so ergibt sich für Leonardos Bilder eine weitere Komplexität, eine innere Widersprüchlichkeit: *die Mutter mit dem Penis ist zugleich kastriert.* Damit würde, im Sinne von Freuds Theorie der infantilen Sexualphantasien, der imaginären Überwindung der Kastration und zugleich der Angst vor der Kastration Rechnung getragen. Die Mutter würde als androgyn omnipotent, zugleich aber als kastriert und entwertet repräsentiert. Der Kastration enthoben ist jedoch – aus der Sicht des Sohnes – derjenige, der *sich mit der phallischen Mutter identifiziert.*

Während im Londoner Karton die beiden Frauengestalten sowohl mit den Zeichen der Phallizität als auch der Kastration dargestellt werden, dominiert im *Heiligen Johannes* wie auch im *Bacchus* die Androgynität, psychoanalytisch gesehen, die phallisch omnipotente Mutter bzw. die Identifikation mit ihr. Das Phantasma der Androgynität ist so auch Ausdruck von Omnipotenzvorstellungen, nicht kastriert zu sein und die Potenz beider Geschlechter in sich zu vereinigen.

Als Fazit möchte ich festhalten, daß Freud die Bilder Leonardos – gegen die Grundlinie seiner Interpretation der »Geierphantasie«, aber vor dem Hintergrund seiner These vom »Unglück seines Liebeslebens« (1910, S. 141) – reduktionistisch interpretiert. Übrig bleiben dabei wenig mehr als

---

[47] Daß die Hand bzw. der Finger als Zeichen der (auch göttlichen) Potenz dargestellt wird, ist seit der Renaissance bekannt. Eines der bekanntesten Beispiele ist Michelangelos Hand Gottes, die Adams Hand berührt (Sixtinische Kapelle).

ein unaufgelöster Ödipuskomplex, regressive Phantasien und eine gehemmte Homosexualität. Die androgyne Thematik von Leonardos letzten Bildern kann nämlich auch so verstanden werden, als wären hier alle vier Dimensionen von Freuds Interpretation der Geier/Milan-Phantasie (mütterliche Brust, Penis der Mutter, Küsse der Mutter, Fellatio) gleichsam übereinandergelegt worden. Die ersten beiden Dimensionen wären dann in die androgyne, zugleich männliche und weibliche Gestaltung der Körper eingegangen, während das Lächeln, der Mund, in einer Verdichtung die Küsse der Mutter und die Fellatio repräsentiert. Nimmt man die Bilder auch als Ausdruck der erotischen Wünsche Leonardos, dann würden sie zeigen, daß er feminine Männer liebte, wobei sich seine sexuellen Phantasien und Wünsche darauf richteten, mit diesen Männer Fellatio auszuüben. Eine Hemmung, Verkümmerung oder Perversion von Leonardos Sexualität wäre darin nicht erkennbar, lediglich eine gewissermaßen normale homosexuelle Praxis.

Psychoanalytisch gesehen war Leonardo unbewußt an die frühe Mutter und an Androgynität fixiert. Entscheidend aus *kunsttheoretischer* Perspektive ist jedoch (so trivial dies klingen mag), daß Androgynität in Leonardos Bildern nicht nur als ein ausschließlich psychoanalytisch entschlüsselbares, unbewußtes Phänomen in Erscheinung tritt. Leonardos Bilder gestalten Androgynität in unterschiedlichen Formen der Sublimierung oder auch Direktheit, indem sie zeitgenössische Maltechniken, ikonographische Motive und den Renaissance-Topos der Androgynität aufnehmen. Leonardos Bilder sind keine schlichten Projektionen seines Unbewußten. Vielmehr markiert die *Gestaltung* von Androgynität die *Differenz* zum Unbewußten. In diese Gestaltung gehen »Innen« und »Außen« gleichermaßen ein. Was die Psychoanalyse im Unterschied zur Kunstgeschichte zu leisten vermag, ist, daß sie Leonardos Gestaltung von Androgynität zu Themen seiner Lebensgeschichte in Bezug setzen kann.

Ein »Fall« psychoanalytischer Biographik

Die Phantasie und die Tatsache

Im folgenden möchte ich zu einer Analyse und kritischen Würdigung von Freuds kausalanalytischem Erklärungsansatz übergehen, den er seiner Leonardo-Studie zugrundelegt.[48] Bevor ich sein erkenntnistheoretisches bzw. forschungslogisches Modell erörtere, möchte ich zunächst die Daten genauer untersuchen, von denen er ausgeht, Daten, die zusammen mit den Hypothesen, die Freud darauf aufbaut, als das »explanans«, das heißt als Erklärungsansatz Freuds im Fall Leonardos bezeichnet werden können. Sein Ziel dabei ist, um das noch einmal in Erinnerung zu rufen, »die Erklärung der Hemmungen in Leonardos Sexualleben und in seiner künstlerischen Tätigkeit« (Freud, 1910, S. 153).

Freud stützt seinen Erklärungsansatz auf zwei miteinander verknüpfte Daten: (1) auf die – wie Freud (1910, S. 117) schreibt – »Tatsache«, daß Leonardo seine ersten drei bis fünf Lebensjahre ohne Vater und also allein mit der Mutter verbrachte; und (2) auf die erwähnte Geierphantasie Leonardos, mit der Freud diese »Tatsache« zu »erhärten« versucht. Freuds Rekurs auf die Geierphantasie macht dabei deutlich, daß die »Tatsache« nicht einfach einen Zeitraum bezeichnet, sondern vielmehr wegen der Bedeutung relevant ist, die Freud diesem Zeitraum beimißt. Leonardos Zweisamkeit mit der Mutter bedeutet für Freud, daß die kindliche Sexualforschung nicht durch einen Vater beeinträchtigt war und die Mutter sich aufgrund des fehlenden Vaters dem Sohn besonders intensiv zuwandte: Freud betont die besondere Zärtlichkeit der Mutter gegenüber ihrem Sohn. Es handelt sich bei der »Tatsache« somit sich um eine (theoriegeleitet) *interpretierte* Tatsache, wobei die *Dauer des Zusammenlebens* einen wesentlichen Parameter für Freuds Interpretation darstellt.

Die »Tatsache« und die »Phantasie« – im Anschluß an das entsprechende Zitat Leonardos spricht Freud von einer »Kindheitserinnerung«,

---

[48] Unter dieser Problemstellung werde ich zwangsläufig einige bereits vorgetragene Aspekte und Argumente noch einmal aufgreifen: Ihre bisherige Entwicklung entlang der Freudschen Argumentation stellt zugleich die Grundlage für die nun folgende systematisch forschungskritische Diskussion bereit.

fügt aber sogleich hinzu: »Jene Szene mit dem Geier wird nicht eine Erinnerung sein, sondern eine Phantasie, die er sich später gebildet und in die Kindheit versetzt hat.« (1910, S. 109) – sind somit nicht unabhängig voneinander. Vielmehr soll die Tatsache durch die Phantasie »erhärtet« werden. Schon dieser Argumentationsschritt ist auffällig. Eher würde man eine Phantasie durch eine Tatsache »erhärten« als umgekehrt. Das Problematische der Freudschen Argumentation liegt aber nicht so sehr in dieser Umkehrung, als vielmehr in Freuds *Interpretation* der Geierphantasie. Daß zudem *beide Daten in unterschiedlicher Weise unzutreffend sind,* verweist auf ein weiteres Problem, auf das ich kurz eingehen möchte.

Es wurde schon relativ früh darauf hingewiesen, daß die »Geier«-Phantasie auf einem Übersetzungsfehler beruht (MacIagan, 1923). Wie wir bereits gesehen haben, bedeutet »nibio« (im modernen Italienisch »nibbio«) in Leonardos Kindheitserinnerung nicht »Geier«, sondern Milan, ein Vogel, mit dem Leonardo sich zeit seines Lebens beschäftigt hat. Auch die Frage, wie lange Leonardo allein mit seiner Mutter lebte, hat die neuere Forschung präziser beantwortet als Freud. Leonardos Mutter heiratete kurz nach seiner Geburt den Kalkbrenner Antonio di Piero di Andrea di Giovanni Buti, genannt Accattabriga (der Streitsüchtige, der »Streithammel«; Bramly, 2000, S. 57),[49] zwei Jahre nach Leonardos Geburt brachte sie ein zweites Kind, Leonardos Halbschwester Piera, zur Welt (vgl. Collins, 1997, S. 74; Herding, 1998, S. 29; nach Bramly wurde Piera knapp drei Jahre nach Leonardo geboren, vgl. Bramly, 2000, S. 65). Bramly vermutet darüber hinaus, daß Leonardo nach Ende der Stillzeit in den Haushalt seines Großvaters kam (S. 62).[50] Ähnlich schreibt auch Schröter:

> Manches spricht dafür, daß der Junge ein bis zwei Jahre bei der Mutter blieb und dann zum Großvater wechselte. Auch die Lage einer ledigen Mutter im 15. Jahrhundert hat Freud verkannt ... All das erschüttert die Basis seiner psychologischen Konstruktion. (Schröter, 1998, S. 499)

Schmidbauer argumentiert ebenfalls in diesem Sinne:

---

[49] Die Namensangaben weichen zum Teil erheblich voneinander ab. Eissler (1994, S. 337) spricht von Accattabriga di Piero del Vacca.

[50] Im übrigen wurde Leonardos Taufe mit einigem Pomp zelebriert. Die Taufe fand, Herding (1998, S. 30) zufolge, in Florenz statt; Bramly (2000, S. 59) dagegen spricht von Vinci als Taufort. Nach Bramly (ebd.) erhielt Leonardo seinen Vornamen von seinem Taufpaten, dem wohlhabenden Antonio di Lionardo.

Die Beziehungen des Landbesitzers zu seinen Mägden war in der Toscana von feudalen, nicht von bürgerlichen Vorstellungen geprägt. Das heißt, daß uneheliche Kinder nicht als moralischer Makel betrachtet wurden. Der *padrone* nahm sie in den Haushalt auf. Die Mutter konnte freilich keine Ansprüche für sich anmelden. Sie wurde ihrem Stand entsprechend verheiratet. (Schmidbauer, 1992, S. 97)

Allerdings war Leonardos Mutter nicht die »Magd« von Ser Piero da Vinci, sondern vermutlich Bäuerin oder Kellnerin. Sie war somit »arm« allenfalls in psychologischer Hinsicht, ansonsten lebte sie entsprechend ihrem sozialen Stand: Sie heiratete und ihr unehelicher Sohn wurde in den Haushalt des »padrone« aufgenommen. Eine Reihe von Autoren (zum Beispiel Collins, 1997) haben deshalb auch die These vertreten, daß das Spezifische der Kindheit Leonardos nicht, wie Freud annimmt, in der Überzärtlichkeit seiner Mutter und der frühen Trennung von Vater bestand, sondern daß er schon früh von einer Vielzahl mütterlicher und väterlicher Figuren umgeben war (seine Mutter, seine Großmutter, möglicherweise Donna Albiera als seine junge Stiefmutter; sein Stiefvater, sein Großvater, sein leiblicher Vater).

Die von der neueren Forschung vorgelegten Daten, etwa zum Zeitpunkt der Heirat Caterinas oder der Geburt der Geschwister Leonardos, standen Freud damals nicht zur Verfügung. Freud kannte nur die zeitgenössische Katastereintragung, die über Leonardo besagt, »daß er im Alter von fünf Jahren in den Haushalt seines Vaters aufgenommen war; ob wenige Monate nach seiner Geburt, ob wenige Wochen vor der Aufnahme jenes Katasters ... ist uns völlig unbekannt« (1910, S. 117). An anderer Stelle schreibt Freud meines Erachtens korrekt, daß er in das »großväterliche Haus« aufgenommen wurde (S. 143). Ob Leonardo in den Haushalt seines Vaters oder Großvaters aufgenommen wurde, ist für die Bestimmung des Zeitraums, in dem er allein mit seiner Mutter lebte, jedoch nicht entscheidend (wesentlich ist dieser Punkt allerdings für Freuds These einer ambivalenten Identifizierung Leonardos mit seinem leiblichen Vater).

Meines Erachtens ist das Problem der Freudschen Argumentation weniger, daß er – neben Leonardos »Geierphantasie« – andere Daten als den Katastereintrag nicht zur Verfügung hatte. Problematisch ist vielmehr die spezifische Form seiner Beweisführung. Denn »beweiskräftig« ist für ihn – vielleicht mangels anderer Daten – letztlich die Geierphantasie. Mit ihrer Hilfe versucht Freud, die Dauer des Zusammenlebens Leonardos und seiner Mutter genauer zu bestimmen:

Da tritt nun die Deutung der Geierphantasie ein und will uns belehren, daß Leonardo die entscheidenden ersten Jahre seines Lebens nicht bei seinem Vater und seiner Stiefmutter, sondern bei der armen, verlassenen, echten Mutter verbrachte, so daß er Zeit hatte, seinen Vater zu vermissen. (Freud, 1910, S. 117)

Ich hatte bereits auf den pseudoobjektiven Duktus dieser Formulierung hingewiesen: Die Geierphantasie will uns »belehren«! Sie kann uns jedoch nur dann »belehren«, wenn wir strikt der Freudschen Interpretation folgen, daß in der Geierphantasie das Bild der mütterlichen Brust/Brustwarze und des mütterlichen Penis übereinandergelegt und miteinander verschmolzen sind. Nur vor dem Hintergrund der infantilen Sexualphantasie des mütterlichen Penis, deren Auftauchen man mit dem dritten bis fünften Lebensjahr ansetzen kann, ergibt Freuds Deutung Sinn. Würde man diesen Teil der Freudschen Interpretation in Frage stellen, dann bliebe – neben der homosexuellen Fellatio-Konnotation – nur die mütterliche Brust/Brustwarze. Deren Relevanz für Leonardos Erinnerung müßte man vermutlich auf einen Zeitraum von ein bis zwei, maximal drei Jahren beschränken, das heißt auf einen wesentlich kürzeren Zeitraum, als Freud annimmt.[51] Es handelt sich also um keine »Belehrung« durch die Geierphantasie, sondern um Freuds höchst persönliche Interpretation. Auch Freuds Spekulation, Leonardo habe sich für ein »Geierkind« gehalten, das ohne Vater aufwachse (vor allem in dieser Spekulation spielte, wie gezeigt, der »Geier« seine Rolle), reicht für eine derartige »Belehrung« nicht aus. Sie würde keine nähere zeitliche Bestimmung erlauben.

Wie ebenfalls erörtert wurde, glaubt Freud sogar, mit Hilfe der Geierphantasie eine genauere zeitliche Präzisierung vornehmen zu können: »Es steht in bestem Einklang mit der Deutung der Geierphantasie, wenn *mindestens drei Jahre, vielleicht fünf* verflossen waren, ehe er seine einsame Mutter gegen ein Elternpaar vertauschen konnte.« (Freud, 1910, S. 117; Herv. M. C.) Anschließend spricht Freud apodiktisch von der »durch die

---

[51] In der phallischen Phase kennt das Kind nur ein genitales Organ: das männliche – so jedenfalls die (umstrittene) klassische psychoanalytische Lehre. »Die phallische Stufe entspricht dem Kulminationspunkt und dem Untergang des Ödipuskomplexes; hier ist der Kastrationskomplex vorherrschend.« (Laplanche/Pontalis, 1972, S. 383) Vor diesem Hintergrund ist es einigermaßen überraschend, daß Eissler die Phantasie der Mutter mit dem Penis als *präödipal* versteht (Eissler, 1994, S. 130f.). Wäre diese Vorstellung zutreffend, brächte sie zweifellos Freuds Interpretation der »Geierphantasie« zu Fall.

Geierphantasie erhärteten *Tatsache*«, daß Leonardo seine ersten Lebensjahre »allein mit seiner Mutter verbringt« (ebd.; Herv. M. C.). Spätestens hier fällt auf, daß Freud nirgendwo eine derartige »Tatsache« anführt. Die einzige »Tatsache«, auf die er verweisen kann, ist, daß Leonardo spätestens im Alter von fünf Jahren in den Haushalt seines »Vaters« (genauer: seines Großvaters) aufgenommen war. So wird uns gewissermaßen eine »Tatsache« durch einen rhetorischen Trick präsentiert.

Nun könnte – aus hermeneutischer Perspektive – Freud problemlos die Geierphantasie zur Grundlage seiner Interpretation machen. Aus dieser Perspektive wäre es letztlich auch unerheblich, ob es sich um einen Geier oder einen Milan handelt. Voraussetzung wäre allerdings, daß Freud die verschiedenen Interpretationsmöglichkeiten bzw. »Lesarten« dieser Phantasie herausarbeiten und überprüfen müßte. Unabhängig von der Art des Vogels schildert Leonardo ja eine prägnante, interpretationsbedürftige – und nicht gerade idyllische – *Szene* (zur psychoanalytisch-hermeneutischen Bedeutung der *Szene* vgl. etwa Argelander, 1989). Eine »Tatsache« könnte er damit immer noch nicht »erhärten«, allenfalls könnte er ein Stück Plausibilität für seine Interpretation in Anspruch nehmen (zur Bedeutung des Plausibilitätsarguments im Rahmen hermeneutischer Biographieforschung vgl. Schlücker, 2000). Eine Tatsache, so sehr sie selbst auf einer Konstruktion beruhen mag, existiert unabhängig von der Interpretation einer *Phantasie*. Die Tatsache kann allenfalls dazu herangezogen werden, um die Plausibilität der Interpretation der Phantasie zu überprüfen.

Als Datum steht Freud, wie gesagt, eine Katastereintragung zur Verfügung, und die besagt lediglich, daß Leonardo spätestens im fünften Lebensjahr in das Haus des Großvater aufgenommen war, nicht mehr und nicht weniger. Selbst das ist nicht unbedingt gesichert: Eissler (1994, S. 81) weist darauf hin, daß es sich um eine Katastereintragung handelt, die aus steuerlichen Gründen erfolgte. Derartigen Eintragungen dürfe man heute wie früher mißtrauen. Allerdings sind, so weit ich sehen kann, Datum und Inhalt dieser Katastereintragung bisher nicht in Frage gestellt worden.[52] Sie allerdings *interpretiert* Freud – wie gesagt, mit Hilfe der Geierphantasie – nun dahingehend, daß Leonardo einen langen Zeitraum

---

[52] Eine naheliegende Überlegung, die Freuds These stützen würde, wäre, daß der Großvater Leonardo sicherlich schon früher in seine Steuererklärung aufgenommen hätte, wenn er schon vor 1457 bei ihm gelebt hätte. Doch leider trägt sie nicht weit. Die letzte Steuererklärung der Vincis datiert nämlich aus dem Jahre 1450, also zwei Jahre vor Leonardos Geburt (vgl. Bramly, 2000, S. 62).

mit seiner Mutter zusammengelebt habe: »*Es steht in bestem Einklang mit der Deutung der Geierphantasie, wenn* mindestens drei Jahre, vielleicht fünf, von Leonardos Leben verflossen waren, ehe er seine einsame Mutter gegen ein Elternpaar vertauschen konnte.« (Freud, 1910, S. 117; Herv. M. C.)

Wenn Freud anschließend von der »durch die Geierphantasie erhärtete[n] Tatsache« (ebd.) spricht, daß Leonardo seine ersten drei bis fünf Lebensjahre allein mit der Mutter verbracht habe, dann wird also nicht eine Tatsache, sondern eine Interpretation oder Vermutung »erhärtet«,[53] in die die Interpretation der Geierphantasie bereits eingegangen war. Und umgekehrt stützt – »in bestem Einklang« – die Interpretation der Katastereintragung wiederum die Interpretation der Geierphantasie, bei der nichts die Unterstellung eines derartigen langen Zeitraums rechtfertigt außer Freuds Rekurs auf die infantile Sexualphantasie des mütterlichen Penis. Freud gerät damit in einen Circulus vitiosus, das heißt in einen hermeneutischen Zirkel in der negativen Bedeutung des Begriffs. Er konstruiert einen Sachverhalt, eine angebliche »Tatsache«, die implizit in die Interpretation der »Phantasie« eingeht, wobei er mit dieser Interpretation der Phantasie wiederum die Interpretation des Sachverhalts glaubt »erhärten« zu können.

Die Diskussion der Freudschen Thesen zur Homosexualität Leonardos hat gezeigt, daß Freud die Annahme eines derartig langen Zeitraums benötigt, weil sonst seine These der *sexuellen* Hemmung keinen Bestand hätte. Um diese These zu erhärten, kann er keine andere Interpretation zulassen als seine eigene. Wir werden sehen, daß damit die Frage, ob der Vogel ein Geier oder nicht vielmehr ein Milan ist, weit weniger relevant ist als die von Freud hier vorgenommene zirkuläre Argumentation.

Freuds kausalanalytisches Biographiekonzept

Ich möchte nunmehr Freuds methodisches und methodologisches Vorgehen, wie er es im zweiten Teil des VI. Kapitels seines Essays dargestellt hat (Freud, 1910, S. 156-159), einer genaueren Prüfung unterziehen. Wissenschaftslogisch läßt sich Freuds Vorgehen folgendermaßen beschreiben.

---

[53] Auch diese Formulierung ist problematisch: Vielleicht sollte man besser sagen, daß sie »plausibilisiert« wird.

Als »*explanandum*« hat Freud *zwei* »*zu erklärende*« Sachverhalte: Leonardos *künstlerische* und seine *sexuelle* Hemmung einschließlich seiner ebenfalls gehemmten Homosexualität. Sie möchte er durch folgendes »*explanans*« erklären: durch die von der Geierphantasie »erhärtete Tatsache«, daß Leonardo, bei Abwesenheit seines leiblichen Vaters, drei bis fünf Jahre mit seiner Mutter in einer Atmosphäre der »Überzärtlichkeit« zusammenlebte, ein Sachverhalt, aus dem Freud im Rückgriff auf den Stand psychoanalytischer Theoriebildung seine Hypothesen und Schlüsse zieht.[54]

Ich unterstelle damit, daß Freud gemäß dem sogenannten Hempel-Oppenheimer-Popperschen (einheitswissenschaftlichen) Forschungsschema verfährt, wonach als »explanans« bestimmte Ausgangsbedingungen einschließlich bestimmter Randbedingungen mit Hilfe einer Hypothese oder Theorie das Explanandum »erklären«. Mit anderen Worten: ein bestimmter Sachverhalt (Explanandum) soll aus bestimmten Ausgangsbedingungen und theoriegeleiteten Schlüssen oder Hypothesen (Explanans) erklärt werden. Ich werde im folgenden versuchen, den Nachweis für diese Unterstellung zu erbringen.[55]

Die zentrale »Ausgangsbedingung« im »explanans« ist für Freud, wie gesagt, ein interpretierter Sachverhalt: ein zärtliches Zusammenleben von Mutter und Sohn über einen längeren Zeitraum. Die Abwesenheit eines Vater impliziert zugleich für Freud, daß Leonardos kindlicher Forscherdrang, seine kindliche Sexualforschung nicht unterdrückt, sondern vielmehr angeregt wurde. Die Randbedingungen im Sinne des einheitswissenschaftlichen Forschungsschemas werden von Freud erst am Ende seiner Studie erörtert. Es handelt sich um »Eigentümlichkeiten« der Persönlichkeit Leonardos, die der psychoanalytischen Methode nicht zugänglich sind:

---

[54] Im Zuge seiner Argumentation führt Freud, wie diskutiert, eine Reihe weiterer Faktoren ein: die zweite Sublimierung in Leonardos Pubertät, die Identifizierung mit dem Vater, die Regression im mittleren Lebensalter und anderes mehr. Die für die weitere Entwicklung entscheidende pathogene Struktur ist jedoch die genannte Konstellation, die anfänglich, in den ersten drei bis fünf Lebensjahren, bestanden habe.

[55] Es wäre im übrigen unerheblich, wenn man hier ein anderes Kausalmodell zugrundelegte, zum Beispiel das Modell der »objektiven Möglichkeit« und »adäquaten Verursachung« von Max Weber oder das Modell der Strukturgesetzlichkeit nach Ulrich Oevermann. In beiden Fällen müßte sich eine Überprüfung mit den Ausgangs- und Endpunkten der Freudschen Kausalanalyse sowie den dazwischengeschalteten logischen und psychoanalytischen Verknüpfungen beschäftigen.

Diese zwei Eigentümlichkeiten Leonardos erübrigen also als unerklärbar durch die psychoanalytische Bemühung: seine ganz besondere Neigung zur Triebverdrängung und seine außerordentliche Fähigkeit zur Sublimierung der primitiven Triebe. (Freud, 1910, S. 157)[56]

Auch Leonardos »künstlerische Begabung«, die für Freud eng mit seiner Sublimierungsfähigkeit zusammenhängt, rechnet Freud folgerichtig zu diesen psychoanalytisch nicht erklärbaren »Eigentümlichkeiten«. Hier, so Freud, »müssen wir zugestehen, daß auch das Wesen der künstlerischen Leistung uns psychoanalytisch unzugänglich ist« (ebd.). Weitere mögliche Randbedingungen, zum Beispiel die politische oder kulturelle Situation der Renaissance, werden von Freud nicht herangezogen.

Den Gedanken, daß die künstlerische Leistung für die Psychoanalyse nicht erklärbar sei, hat Freud in verschiedenen Variationen wiederholt, zum Beispiel in seinem Aufsatz über Dostojewski (Freud, 1928). Man könnte es aber auch anders formulieren: Freud hat sich für das Problem künstlerischer Produktivität nie sonderlich interessiert. Ich werde im letzten Abschnitt dieser Arbeit ausführlicher auf diese Thematik eingehen.

Freuds wissenschaftslogisches Vorgehen entspricht – mit einer gravierenden Einschränkung, auf die ich gleich zu sprechen komme – deshalb dem skizzierten einheitswissenschaftlichen Forschungsschema, weil Freud Leonardos Charaktermerkmale und psychische Konflikte nicht nur verstehen, sondern auch *erklären* will. Das heißt, Freud argumentiert zumindest implizit *kausalanalytisch*, wenn er eine »Erklärung der Hemmungen in Leonardos Sexualleben und in seiner künstlerischen Tätigkeit« sucht (1910, S. 153). Freud erläutert seine Methode psychoanalytischer »Biographik« folgendermaßen:

Der psychoanalytischen Untersuchung stehen als Material die Daten der Lebensgeschichte zur Verfügung, einerseits die Zufälligkeiten der Begebenheiten und Milieueinflüsse, andererseits die berichteten Reaktionen des Individuums. Gestützt auf ihre Kenntnis der psychischen Mechanismen sucht sie nun das Wesen des Individuums aus seinen Reaktionen dynamisch zu ergründen, seine ursprünglichen seelischen Triebkräfte aufzudecken sowie deren spätere Umwandlungen und Entwicklungen. Gelingt dies, so ist das Lebensverhalten der

---

[56] Ich hatte bereits mehrfach darauf hingewiesen, daß das Verhältnis von Sublimierung und Verdrängung ungeklärt bleibt. Aus psychoanalytischer Perspektive sind eine »ganz besondere Neigung zur Triebverdrängung« und eine »außerordentliche Fähigkeit zur Sublimierung« nicht ohne weiteres kompatibel.

Persönlichkeit durch das Zusammenwirken von Konstitution und Schicksal, inneren Kräften und äußeren Mächten aufgeklärt. (S. 156)

In dieser »Aufklärung« sind hermeneutisches Verstehen und kausalanalytisches Erklären ineinander verschränkt. Freud läßt jedoch keinen Zweifel daran, daß er diese zwei Gruppen von Daten – Daten der Lebensgeschichte, Zufälligkeiten der Begebenheiten und Milieueinflüsse einerseits, Reaktionen des Individuums andererseits – mit Hilfe der Kategorie der »Notwendigkeit« miteinander verknüpft bzw. die Notwendigkeit ihrer Verknüpfung mit Hilfe der »Kenntnis der psychischen Mechanismen« nachweisen will.

Allerdings führt er diese Kategorie der »Notwendigkeit« indirekt ein, wenn er betont, daß die oben erwähnten »Randbedingungen« psychoanalytisch nicht »erklärbar« sind:

> Aber selbst bei ausgiebigster Verfügung über das historische Material und bei gesichertster Handhabung der psychischen Mechanismen würde eine psychoanalytische Untersuchung an zwei bedeutsamen Stellen die Einsicht in die *Notwendigkeit* nicht ergeben können, daß das Individuum nur so und nicht anders werden konnte. (Freud, 1910, S. 157; Herv. M. C.)

Anschließend finden wir Freuds prägnanteste Formulierung dessen, was ich in wissenschaftstheoretischer Terminologie den Zusammenhang von Explanans und Explanandum genannt habe:

> Wir haben bei Leonardo die Ansicht vertreten müssen, daß die Zufälligkeit seiner illegitimen Geburt und die Überzärtlichkeit seiner Mutter den entscheidendsten Einfluß auf seine Charakterbildung und sein späteres Schicksal übten, indem die nach dieser Kindheitsphase eintretende Sexualverdrängung ihn zur Sublimierung der Libido in Wissensdrang *veranlaßte* und seine sexuelle Inaktivität fürs ganze spätere Leben *feststellte*. (Ebd.; Herv. M. C.)[57]

Ein weiterer Hinweis auf Freuds kausalanalytischen Ansatz findet sich im übrigen bereits zu Beginn seiner Leonardo-Studie, wenn er von den »*Gesetzen*« spricht, »die normales und krankhaftes Tun mit gleicher Strenge beherrschen« (S. 91; Herv. M. C.).

Insoweit entspricht Freuds wissenschaftslogisches Modell also dem einheitswissenschaftlichen Forschungsschema. Die oben erwähnte Einschränkung besteht darin, daß für Freuds biographisches Vorgehen ein

---

[57] Gewissermaßen nebenbei finden wir hier ein weiteres Beispiel für die Unschärfe des Verhältnisses von Verdrängung einerseits und andererseits Sublimierung unter dem Einfluß von Verdrängung.

naturwissenschaftlicher Kausalitätsbegriff nicht angemessen wäre und von ihm auch nicht intendiert ist. Vielmehr handelt es sich um sinnhafte oder sinnbedingte »Kausalität«, genauer: um *sinnhafte Determination*, eine wissenschaftslogische Argumentation, die in Übereinstimmung mit Freuds Konzept des psychischen Determinismus steht (zu den spezifischen Besonderheiten psychischer oder sinnhafter Determination vgl. Clemenz, 1998).

Ohne sich auf das von Grünbaum (1988) unsinnigerweise der Psychoanalyse nahegelegte *experimentelle* Kausalmodell einzulassen, darf also im vorliegenden Fall Freuds theoretischer, methodologischer und methodischer Anspruch *kausalanalytisch* verstanden werden. Er entwickelt, wenn auch begrenzt auf das individuelle Phänomen Leonardo, eine im Sinne psychischer oder sinnhafter Determination *kausale Hypothese*, die damit nicht nur empirisch überprüfbar wird, sondern sich einer empirischen Überprüfung notwendig stellen muß. Noch genauer kann man Freuds kausalanalytische These – in Übereinstimmung mit seinem ätiologischen und therapeutischen Argumentationsschema – als ein Konzept der *notwendigen, aber nicht ausreichenden Bedingung* verstehen. Da Freud nicht beansprucht, daß er alle Randbedingungen und möglichen intervenierenden Variablen erfaßt hat, lautet seine Argumentation in nunmehr präzisierter Form: Das von ihm formulierte Explanans ist eine notwendige, aber nicht ausreichende Bedingung dafür, daß Leonardos Leben »so und nicht anders« (Freud, 1910, S. 157) verlaufen ist.

Daß es sich bei Leonardos Biographie um ein Individualphänomen handelt, sollte nicht stören. Popper hat insbesondere in *The Poverty of Historicism* (1966) deutlich gemacht, daß auch eine auf Individualphänomene bezogene Theoriebildung sinnvoll und empirisch überprüfbar ist und daß insbesondere, mangels anderer Möglichkeiten, auch das Gedankenexperiment eine sinnvolle Überprüfung darstellen kann. Unabhängig davon, wie wir Form, Inhalt und Intention der Freudschen Leonardo-Studie noch genauer bestimmen: Freud selbst hat eine Argumentationsebene in seinen Text eingebaut, die eine empirische Überprüfung ermöglicht.[58]

---

[58] Dieses kausalanalytische Konzept – von Grünbaum (1988) abgekürzt als TNC: »theory of necessary condition« bezeichnet – ist argumentationsstrategisch gesehen ausgesprochen flexibel, denn es erfordert nicht, daß *alle* notwendigen Bedingungen auch aufgeführt werden. Insofern ist es auch nicht von Bedeutung, daß Freud das Phänomen der Regression Leonardos im mittleren Lebensalter *an dieser Stelle* nicht

Diese empirische Überprüfung erfordert mindestens zwei Einzelprüfungen: (1) Ist das von Freud in Anspruch genommene Explanans gegeben? (2) Existiert das von Freud behauptete Explanandum? Ich möchte dabei zunächst auf das Explanandum, das heißt noch einmal auf Leonardos künstlerische Hemmung und gehemmte Homosexualität eingehen, und diesen Befund Freuds zusammenfassend diskutieren. Anschließend (im folgenden Abschnitt) soll der zentrale Sachverhalt des Explanans – der Zeitraum von Leonardos Zweisamkeit mit einer überzärtlichen Mutter – geprüft werden, indem Freuds Interpretation der Geierphantasie auf diesen Punkt hin noch einmal untersucht wird.

Zum Explanandum, das heißt zu Leonardos künstlerischer und sexueller Hemmung, habe ich schon eine Reihe von Argumenten vorgetragen. Freuds Einschätzung, daß Leonardo künstlerisch gehemmt war, erscheint wenig schlüssig. Vertretbar ist sie vielleicht aus der Perspektive, daß Leonardo in erster Linie Maler war, genauer: hätte sein sollen. Ich halte diese Perspektive jedoch für fragwürdig. Darüber hinaus kann gerade in der Zeit, in der, Freud zufolge, Leonardos »Hemmung« manifest wird, nicht von einem Rückgang seiner künstlerischen Produktivität gesprochen werden.[59] Abgesehen von den vielen anderen Bereichen, in denen sich Leo-

erwähnt. Wie wir jedoch gesehen haben, ist diese »Regression« bzw. »regressive Ersetzung« (Freud, 1910, S. 155) eine notwendige Bedingung zumindest für Leonardos *künstlerische* Hemmung. Das TNC-Konzept ermöglicht im übrigen auch, von einem gewissen »Grad an Freiheit« der biographischen Entwicklung (Freud, 1910, S. 157) auszugehen, weil zusätzliche Umstände eintreten müssen, damit eine bestimmte biographische Entwicklung auch tatsächlich stattfindet. Gleichwohl besitzt es die »Härte« eines kausalanalytischen Konzepts, das heißt, es hat die allgemeine Struktur des explanans-explanandum-Modells und erfüllt das Kriterium empirischer Überprüfbarkeit. Selbst im Rahmen einer Einzelfallstudie muß somit die *Notwendigkeit* der kausalen Verknüpfung von Ausgangsbedingungen und zu erklärenden Sachverhalten zumindest plausibilisiert werden. Ich werde im folgenden zeigen, dass die Überprüfung dieser Notwendigkeit bei Freuds Fallstudie entfällt, und zwar aus dem einfachen Grund, weil bereits die *Daten* von explanans und explanandum entweder fragwürdig oder nicht existent sind.

[59] Wir hatten gesehen, daß Freud den Beginn von Leonardos »Hemmung« mit dem Untergang der Sforza-Herrschaft in Mailand parallelisiert. Doch in der Zeit danach entstanden zentrale Werke Leonardos, unter anderem die *Mona Lisa* (1503-1507), die zweite Fassung der *Felsengrottenmadonna* (1506-1508) und die *Anna Selbdritt* (1506-1513). Clark spricht geradezu von einer »erstaunliche[n] Produktivität« Leonardos in dieser Zeit, die um so höher zu veranschlagen ist, als seine Tätigkeit als oberster Kriegsingenieur bei Cesare Borgia in diese Zeit fällt (1502-1503): »Um Leonardos er-

nardo noch hervortat (zum Beispiel als Musiker, als Regisseur höfischer Lustbarkeiten oder als Bildhauer), war er gleichermaßen Maler, Ingenieur und Wissenschaftler. Anders formuliert: Leonardo hat möglicherweise mehr Zeit in das Studium des Vogelflugs oder die Konstruktion von Kriegs- oder Flugmaschinen investiert als in die Malerei. Freud geht von der nicht weiter hinterfragten Setzung aus, daß Leonardo in erster Linie Maler war, alles andere ist dann, wie immer von Freud hochgelobt, Wissenschaft, die letztlich seine Malerei schädigte, oder »Tand«, unwürdig eines großen Geistes wie Leonardo.

Generell muß man sich fragen, ob bei einem so vielseitig schöpferischen Geist wie Leonardo die Kategorie einer künstlerischen »Hemmung« nicht überhaupt fehl am Platz ist. Ich hatte zum besseren Verständnis das – wie immer mechanistisch verkürzte – Modell der Verteilung psychischer Energie vorgeschlagen. Vor dem Hintergrund eines eindrucksvollen Niveaus wissenschaftlicher und künstlerischer Kreativität hätte dann jeweils die eine oder die andere Form dieser Kreativität den Vorrang erhalten. In diesem Zusammenhang möchte ich einen Autor der Spätrenaissance zitieren, der darüber schreibt, wie Leonardo von vielen seiner Zeitgenossen gesehen wurde:

Er war so außergewöhnlich und so allseitig, daß es scheint, als habe die Natur in seiner Erschaffung ein Wunder gewirkt; und das nicht nur wegen seiner leiblichen Schönheit, sondern auch wegen der mannigfaltigen Gaben, die sie ihm verlieh und in denen sie ihn zum Meister machte. Hoch begabt in der Mathematik, und nicht weniger in der Wissenschaft der Perspektive, hat er auf dem

---

staunliche Produktivität während der vier Jahre seines Aufenthalts in Florenz von 1503 bis 1507 richtig zu ermessen, muß man bedenken, daß von den Werken aus dieser Periode ein großer Teil verlorengegangen ist. Wir kennen sie nur aus literarischen Erwähnungen und Schülerkopien, von denen einige mit originalen Zeichnungen in Beziehung gebracht werden können. Zwei solche verlorenen Werke, die *Leda* und die *Madonna mit der Spindel*, sind bereits erwähnt worden. Hierbei handelt es sich um vollendete Bilder; aber Leonardo haßte die Arbeit des Malens, und meistens genügte es ihm, das, was seine Erfindungskraft ihm eingab, in Zeichnungen auszubreiten, die dann von seinen Schülern und den ihn umgebenden Schmarotzern aufgegriffen und in verkäufliche Bilder umgemünzt wurde.« (Clark, 2000, S. 119) Daß Leonardo manchmal des Malens überdrüssig war, ist überliefert. Daß er seine Arbeit »haßte«, ist eine von Clark nicht belegte These. Daß ein Maler seine Arbeit in einem nicht nur metaphorischen Sinne haßt und gleichzeitig großartige Bilder malt, halte ich für nicht wahrscheinlich. Ein Maler – wie übrigens jeder Künstler – kann seine Arbeit in dem Sinne hassen, daß er die Qual der Auseinandersetzung mit dem Material haßt, aber wohl kaum die Malerei selbst.

Gebiet der Skulptur und im Zeichnen alle anderen weit übertroffen ... Er war ein glänzender Redner, ein hervorragender Lautenspieler und der Lehrer des Atalante Migliorotti. Er befaßte sich viel und gern mit Botanik, war bewandert in der Artillerie, in Wasserspielen und anderen phantastischen Konstruktionen; sein Geist kam niemals zur Ruhe, sondern war unablässig mit der Hervorbringung immer neuer genialer Erfindungen beschäftigt. (Anonimo Gaddiano, 1545, zit. nach Chastel, 1990, S. 76)

Ich habe mehrfach auf die Dimension des Narzißmus bzw. der Allmachtsphantasien hingewiesen, die Leonardo meines Erachtens besser charakterisiert als eine »Hemmung«, wobei in der Konsequenz dieser Narzißmus zu Ergebnissen führen kann, die oberflächlich gesehen einer Hemmung gleichen. Dies betrifft Leonardos unübersehbare Tendenz, Projekte zu beginnen, die nur unter den größten Schwierigkeiten oder gar nicht realisierbar sind, und wohl ebenso Leonardos Vorstellung von der »Göttlichkeit« der Malerei:

Die Göttlichkeit, die der Wissenschaft des Malers innewohnt, bewirkt, daß sich der Geist des Malers zur Ähnlichkeit mit dem göttlichen Geist aufschwingt, denn er ergeht sich mit freier Macht in der Hervorbringung verschiedenartiger Wesenschaft mannigfaltiger Tiere, Pflanzen, Früchte, Landschaften, Gefilde, Bergstürze, angstvoller und schauriger Ort, die den Schauenden mit Schrecken erfüllen, und ebenso gefälliger Gegenden ... (Leonardo, Trattato de la Pittura, zit. nach Clark, 2000, S. 79)

Clark bemerkt hierzu: »Diese gottähnliche Beschaffenheit der Imagination des Malers vertritt Leonardo immer mit Nachdruck. Aus dem göttlichen Element der Wissenschaft der Malerei folgt, daß sich der Geist des Malers in ein Abbild des Geistes Gottes verwandelt.« (S. 73f.)

Derartige Vorstellungen sind keine »Erfindung« Leonardos, sie entsprechen der Renaissancephilosophie. Wesentlich ist jedoch, daß Leonardo gerade diesen Teil des Renaissancedenkens aufgegriffen und mit Nachdruck in seine Praxis und Philosophie des Malens integriert hat. Wer gottähnlich malen will, wird sich nicht mit Mittelmäßigkeit zufrieden geben. Allein in der *Perfektion*, nicht in der Quantität, konnte Leonardo diesem Anspruch gerecht werden.

Auch hinsichtlich Leonardos angeblicher »ideeller« oder gehemmter Homosexualität hatte ich bereits Bedenken angemeldet: War Leonardos Homosexualität wirklich nur »ideell«, wie Freud unterstellt? Auch Eissler äußert sich zu diesem Punkt zurückhaltend und zweifelnd, wobei er sich auf das Jahr 1476 bezieht, als Leonardo zusammen mit anderen jungen Männern wegen Homosexualität angeklagt wurde: »Ich selbst neige zu der Annahme, daß Leonardo damals zumindest für kürzere Zeit manifeste homosexuelle Beziehungen hatte. Natürlich ist dies eine Mutmaßung, für die ich keinerlei Belege beibringen kann.« (Eissler, 1994, S. 106)

Ein wichtiger Aspekt von Leonardos »ideeller Homosexualität« ist auch seine angebliche Abstinenz gegenüber »sexuellen Themen«, die »Verkümmerung seines Sexuallebens« (Freud, 1910, S. 107), seine »Frigidität« (S. 97), da diese ja zwangsläufig seine gehemmte Homosexualität charakterisieren. Ich möchte in diesem Zusammenhang zunächst darauf hinweisen, daß Leonardo sich in unterschiedlichen Zusammenhängen sehr direkt mit dem männlichen Geschlechtsteil befaßt hat, zum Beispiel in seinen tagebuchartigen Notizen. Interessanterweise wird eine Notiz Leonardos, die Freud offenbar übersehen hat, von Eissler (1994, S. 149) aufgegriffen und ganz im Sinne Freuds, ja noch über ihn hinausgehend, als weiterer Hinweis auf Leonardos »Ekel vor der Sexualität« interpretiert. Diese Notiz unterstreicht jedoch, daß Leonardo bei seiner abfälligen Bemerkung über den Zeugungsakt keineswegs generell die Geschlechtsorgane meint, sondern sich auf den Akt der heterosexuellen Vereinigung bezieht. In seiner Notiz zum »männlichen Glied« schreibt Leonardo:

Dieses hängt mit dem menschlichen Verstand zusammen und hat manchmal einen eigenen Verstand. Manchmal zeigt es sich widerspenstig und handelt nach seinem eigenen Sinn, obwohl der Wille des Menschen es zu erregen trachtet, und manchmal regt es sich von selbst, ohne die Erlaubnis oder den Gedanken des schlafenden oder wachen Menschen, und tut was es will … Es hat also den Anschein, als habe dieses lebendige Ding ein eigenes Empfinden und einen vom Menschen unabhängigen Verstand, es scheint, *daß der Mensch sich mit Unrecht schämt, es bei seinem Namen zu nennen, geschweige denn, es zu zeigen.* Im Gegenteil, er bedeckt und verbirgt es immer, obwohl er es eigentlich schmücken und feierlich vorweisen sollte, wie einen Gehilfen. (Zit. nach Eissler, 1994, S. 149; Herv. M. C.)

Diese Formulierungen gleichen stellenweise so sehr denen des sexuellen Aufklärers Freud, daß ich mich frage, ob es wirklich nur ein Zufall ist, daß Freud diese Bemerkung Leonardos nicht erwähnt oder aufgreift. So schreibt Freud selbst in seiner Leonardo-Studie:

Aus den mühseligen Sammlungen der Kulturforscher kann man sich die Überzeugung holen, daß die Genitalien ursprünglich der Stolz und die Hoffnung der Lebenden waren, göttliche Verehrung genossen und die Göttlichkeit ihrer Funktionen auf alle neu erlernten Tätigkeiten der Menschen übertrugen. (Freud, 1910, S. 122f.)

Zumindest ist Leonardos Tagebuchnotiz nicht ohne weiteres mit Freuds Behauptung vereinbar, Leonardo würde »allem Sexuellen« entschieden ausweichen, unbeschadet der begründeten Annahme, daß Leonardo in dieser Weise vermutlich nicht über die weiblichen Geschlechtsorgane schreiben würde (seine wenigen Zeichnungen der weiblichen Geschlechtsorgane wirken ungeschickt und anatomisch falsch). Und da wir schon bei den Geschlechtsorganen sind: auch zur Frage der Größe der männlichen und weiblichen Geschlechtsorgane und ihrer Bedeutung für die sexuelle Lust hat Leonardo sich geäußert (Eissler, 1994, S. 173; vgl. auch Richter, 1970).

Obwohl Freud in seinem Text selbst eine Koitus-Zeichnung Leonardos in einer eigentümlichem Längsschnittperspektive veröffentlicht,[60] scheint Freud zu übersehen (oder will es übersehen), daß Leonardo auch zahlreiche andere Zeichnungen von männlichen und weiblichen Genitalien angefertigt hat, unter anderem von einem Penis, der »im Querschnitt direkt auf ein männliches Hinterteil gerichtet« ist (Bramly, 2000, S. 157). Bramly weist weiter darauf hin, daß sich in den Aufzeichnungen Leonardos zahlreiche Anekdoten und Sentenzen mit sexuellem, ja »offen pornographische[m]« Inhalt finden (S. 160). Von Schamhaftigkeit, Prüderie oder sexuellem Desinteresse könne somit, so Bramly (ebd.), nicht die Rede sein. Schließlich darf in diesem Zusammenhang auf die wenig prüde Darstellung der nackten *Leda* mit dem Schwan hingewiesen werden – eine Szene mit eindeutig sexuellem Inhalt.

Es erscheint deshalb geradezu abwegig, aus der zitierten Leonardo-Notiz über den Penis eine narzißtische Kränkung und traumatische Erfah-

---

[60] Eine besondere Pikanterie bei der von Freud veröffentlichen Fassung der Skizze besteht im übrigen darin, daß Freud ausführlich die Stellungnahme eines Dr. R. Reitler zitiert, der eine Konfusion der Beinstellungen bemerkt und von ihnen auf Leonardos sexuelle Hemmungen schließt. Die Herausgeber müssen zugestehen, daß das angebliche Leonardosche Original, das Freud abdruckt, »in Wirklichkeit, wie sich inzwischen herausgestellt hat, eine Reproduktion einer Lithographie von Wehrt [ist], die 1830 selbst als Kopie eines seinerseits 1812 herausgebrachten Kupferstichs von Bartolozzi veröffentlich wurde. Bartolozzi ergänzte die Füße, die Leonardo fortgelassen hat, und Wehrt fügte im Antlitz des Mannes den mürrischen Ausdruck hinzu.« (Freud, 1910, S. 99; Anm. d. Hg.) Man »verbessert« nicht ungestraft Leonardo!

rung Leonardos abzuleiten bzw. damit erneut die These der Sexualabscheu Leonardos zu begründen, wie Eissler dies tut:

> Die physiologische Unabhängigkeit des Organs machte es ihm zum Objekt des Abscheus. Durch seine spontane Erregbarkeit in unpassenden Situationen und durch seine Passivität in solchen der Herausforderung verursachte es Scham, Verlegenheit, Demütigung und Angst. Als Folge davon wird der Penis zum Organ der narzißtischen Kränkung, zum Symbol der Begrenztheit des Selbst ... Leonardos Unfähigkeit jedoch, seine Entdeckungen zu veröffentlichen, erscheint wie die traumatische Erfahrung mit seinem Genital. (Eissler, 1994, S. 150)

Aus Leonardos Vorstellung, daß man den Penis eigentlich »schmücken« und »feierlich vorweisen« sollte, also einer narzißtischen Besetzung des Penis, wird bei Eissler eine narzißtische Kränkung. Wer, wenn nicht ein Psychoanalytiker, sollte sich der Probleme der Gegenübertragung bewußt sein?[61]

Und schließlich läßt sich zur Frage einer ideellen, latenten oder manifesten Homosexualität Leonardos auf eine Stelle aus seinen Aufzeichnungen hinweisen, die von M. und R. Wittkower zitiert wird. In einem Brief an seinen um 30 Jahre jüngeren Halbbruder Domenico findet sich folgender merkwürdiger »Glückwunsch« zur Geburt von dessen Sohn:

> Geliebter Bruder, mit diesen Zeilen will ich Euch nur den Erhalt Eures Schreibens bestätigen, aus dem ich erfahren habe, daß ihr einen Erben habt. Nun habe ich euch bisher für einen klugen Mann gehalten, jetzt aber bin ich überzeugt, daß ich ebenso weit von einem zutreffenden Urteil entfernt bin, wie Ihr von Klugheit, denn ich sehe, daß Ihr Euch selbst beglückwünscht, Euch einen nimmermüden Feind geschaffen zu haben, der mit aller Macht nach der Freiheit streben wird, die er ja erst nach Eurem Tode erlangen kann. (Zit. nach Wittkower und Wittkower, 1989, S. 93)

Dies ist der extreme, aber offene Ausdruck ödipaler Rivalität mit deutlichem Hinweis auf die Unterdrückung des Sohnes durch den Vater, die

---

[61] Phantasien, wenn sie nicht als Tatsachen behauptet werden, sind der Motor wissenschaftlicher Arbeit. Meine Phantasie ist eine andere als die Eisslers (um mehr als eine Phantasie handelt es sich auch bei ihm schwerlich): Leonardos Passage über das männliche Genital könnte auch eine vor- oder unbewußte Darstellung seiner Probleme mit dem Malen sein, als etwas, das sich auch nicht ohne weiteres dem menschlichen »Willen« fügt. Es könnte sich um einen Konflikt mit seiner (homosexuellen) Sexualität handeln, die ihm beim Malen gewissermaßen in die Quere kommt, sich zu unpassender Zeit regt oder versagt, wenn sie gewünscht wird. Ich würde aus der zitierten Passage keine »ideelle« Homosexualität, sondern eher bewußte und unbewußte Konflikte mit der (Homo-)Sexualität herauslesen.

erst mit dem Tod des Vaters enden kann. Auch dies erlaubt eine These, die nicht weniger legitim ist als Freuds Überlegungen zu Leonardos Gei-erphantasie: Möglicherweise war die – bewußte oder unbewußte – Ag-gression gegenüber dem Vater so groß, daß eine Identifikation mit dem Vater entweder ausgeschlossen oder nur in negativer Form, als Identifi-kation mit dem Aggressor, möglich war. Plausible Gründe dafür könnten Leonardos illegitime Geburt und die Tatsache sein, daß der Vater ihn verlassen hat (obwohl dieser immerhin dafür sorgte, daß Leonardo eine Ausbildung als Maler in der Werkstatt des angesehenen Andrea del Ver-rocchio, in ummittelbarer Nähe zur Wohnung des Vaters, erhielt). Auch dies könnte als Hinweis auf Leonardos Narzißmus verstanden werden: nicht als unmittelbare Folge einer erotisch überhitzten Mutter-Sohn-Beziehung, sondern als Ergebnis fehlender Triangulierung, das heißt als Ergebnis einer dyadischen Beziehung mit der Mutter, aus der der Vater ausgeschlossen blieb.

Insgesamt läßt sich festhalten, *daß auf der Ebene des Explanandums erhebliche Zweifel an Freuds Argumentation angebracht sind*: (1) Es ist meines Erachtens weder der Person noch dem Werk Leonardos angemes-sen, von einer künstlerischen »Hemmung« zu sprechen. (2) Die Frage, ob Leonardo *ideell* homosexuell war, bleibt offen, wobei allerdings an Leo-nardos Homosexualität kaum gezweifelt werden kann. Freuds These ist nicht widerlegbar, aber auch nicht zu beweisen. Allerdings gibt es genü-gend Anzeichen dafür, daß Freuds darüber hinausgehende These, die Leonardo »kühle Sexualablehnung«, ja »Frigidität« unterstellt, in hohem Maße fraglich ist.

Zur Bedeutung der »Geierphantasie«

Nachdem ich gezeigt habe, daß die Sachverhalte, die Freud erklären möchte (Explanandum), in der von Freud postulierten Form entweder nicht existieren oder fragwürdig sind, möchte ich nunmehr zu Freuds Er-klärungsansatz (Explanans) zurückkehren. Theoretisch besteht nämlich noch die Möglichkeit, daß zwar die zu erklärenden Sachverhalte nicht ge-geben sind, gleichwohl die in der Erklärung, dem Explanans, entwickel-ten Hypothesen valide bzw. heuristisch wertvoll sind.

Auf der Ebene des *Explanans* hatte ich zu zeigen versucht, daß Freuds

Argumentation hinsichtlich der »Tatsache« der Dauer des Zusammenlebens von Leonardo und seiner Mutter zirkulär ist. Der erwähnte Katastereintrag stützt diese »Tatsache« nur scheinbar, da er den Zeitpunkt, an dem Leonardo in das Haus des Großvaters wechselte, bis zu seinem Alter von fünf Jahren offen läßt. Freuds Argumentation mit allen weiteren Schlußfolgerungen stützt sich somit ausschließlich auf seine Interpretation der »Geierphantasie«, die die von Freud benötigte lange Dauer und die Art des Zusammenlebens von Leonardo und seiner Mutter zu begründen versucht.

Ich möchte zur Veranschaulichung und als Textbasis noch einmal die »Geierphantasie« Leonardos in Freuds Übersetzung zitieren:

> Es scheint, daß es mir schon vorher bestimmt war, mich so gründlich mit dem Geier zu befassen, denn es kommt mir als eine ganz frühe Erinnerung in den Sinn, als ich noch in der Wiege lag, ist ein Geier zu mir herabgekommen, hat mir den Mund mit seinem Schwanz geöffnet und viele Male mit diesem seinen Schwanz gegen meine Lippen gestoßen. (Zit. nach Freud, 1910, S. 109)

In dieser Übersetzung, die Freud, wie die Herausgeber der Standardedition und der Studienausgabe behaupten, von Marie Herzfeld übernommen hat (vgl. Mitscherlich, Richards und Strachey, 1969, S. 89), sind zwei Übersetzungsfehler enthalten, die beide bereits angesprochen wurden und auf die auch die Herausgeber der Studienausgabe hinweisen (vgl. Freud, 1910, S. 109; Anm. d. Hg.). Ich werde gleich darauf zu sprechen kommen, daß dabei von den Herausgebern der Versuch unternommen wird, Herzfeld gewissermaßen den schwarzen Peter zuzuschieben (ebd.).

Der erste ist ein scheinbar harmloser Fehler, den Freud dann selbst *implizit* korrigiert. Leonardos »dentro alle labbra« wird zunächst übersetzt mit »gegen meine Lippen« (Freud, 1910, S. 109). Wenig später (S. 112) korrigiert er diese Übersetzung, nun spricht er von der »in der Phantasie enthaltene[n] Situation, daß ein Geier den Mund des Kindes öffnet und tüchtig darin herumarbeitet«. Legt man die Maßstäbe der Psychoanalyse auch an Freuds Text an, so muß man konstatieren, daß es sich um mehr als einen Übersetzungsfehler handelt. In der Tat liegt eine Fehlleistung näher (ein »Übersehen«, da Freud über gute Italienischkenntnisse verfügte), denn die Übersetzung »gegen meine Lippen« stimmt mit Freuds Hauptlinie seiner Interpretation der Geierphantasie überein: daß es sich hier nämlich um eine Reminiszenz, eine entstellte Erinnerung an die Brustwarze der Mutter handelt.

Man kann sich schlecht vorstellen, daß die Brustwarze der Mutter »tüchtig« im Mund des Kindes »herumarbeitet«. Doch wenn dem so wäre, müßte es sich um eine ausgesprochen aggressiv »erinnerte« Brust handeln. Es gibt jedoch nirgendwo in Freuds Text eine Interpretation in dieser Richtung, außer vielleicht in dem Hinweis, daß die »Liebkosungen« Caterinas durch »Heftigkeit« charakterisiert waren (Freud, 1910, S. 139). Wohl aber paßt diese Übersetzung zu der Reminiszenz an eine Fellatio, die Freud auch anspricht (S. 112, S. 124), aber nicht in die Hauptlinie seiner Interpretation aufnimmt. Es ist der Nachfrage wert, warum Freud das tüchtige »Herumarbeiten« im Mund mit einem »Schwanz« (ital. »coda«: Schwanz, Penis) nicht mehr aufgreift.

Der zweite Übersetzungsfehler betrifft die Übersetzung von »nibio« (heute: nibbio) mit Geier. Die korrekte Übersetzung von »nibio« ist, wie bereits erwähnt, Milan: ein Vogel, mit dem sich Leonardo, der sich für den Vogelflug interessierte, in seinen Schriften ausführlich beschäftigte. In einigen älteren deutsch-italienischen Wörterbüchern wurde »nibbio« unter anderem mit Hühnergeier übersetzt; auch Brehms Tierleben von 1911 verzeichnet diesen Ausdruck, wobei deutlich gemacht wurde, daß es sich um eine Sprachvariante handelt (vgl. hierzu ausführlich Schröter, 1992, S. 49ff.). Das Material, auf das sich Freud stützt, legt allerdings nahe, daß Freud nicht irrtümlicherweise einem Wörterbuch eine spezielle Variante entnahm und dann aus dem Hühnergeier schließlich einen Geier machte, sondern daß er sich auf den Leonardo-Roman Mereschkowskis (1903) und auf die Leonardo-Biographie von Marie Herzfeld (1906) stützte.

Im Leonardo-Roman von Mereschkowski (1903), den Herausgebern der Studienausgabe zufolge eine von Freuds »wichtigsten Informationsquellen über Leonardo« (Mitscherlich, Richards und Strachey, 1969, S. 89), steht in der deutschen Übersetzung das Wort »Geier«, wo Mereschkowski korrekt das russische Wort »korshun« verwendet (ebd.). Komplizierter liegt die Sache im Fall des Buches von Marie Herzfeld. Israels (1992) hat mit viel Akribie nachgewiesen, daß Freud, als er (kurz vor Abschluß seines Manuskripts) in Wien erstmals seine Leonardo-Studien in einem Vortrag vorstellte, eine Passage von Herzfeld, einschließlich der Formulierung »Hühnergeier«, fast wörtlich übernahm, um dann »unvermittelt und durchgängig von einem ›Geier‹ zu reden« (Israels, 1992, S. 18). Er weist sogar nach, daß Freud die entsprechende kurze Passage bei Herzfeld (in der Ausgabe von 1906) in seinem eigenen Exemplar angestrichen hatte.

Warum hat Freud nun aus dem Hühnergeier einen Geier gemacht, eine Veränderung, um nicht zu sagen Verfälschung, für die die Herausgeber (vgl. Freud, 1910, S. 109; Anm. d. Hg.) noch immer Herzfeld verantwortlich machen? Ohne die Verdienste der ausführlichen und sorgfältigen Arbeit von Schröter in Frage zu stellen: Wäre es nicht fatal, diesen Eingriff von Freud als Merkmal des »genuinen Theoriebildners« darzustellen, wie Schröter es versucht? Für Schröter zeigt sich hier, daß Freud

> ... entschlossen den bedeutsamen Kern eines Faktums ergriff und sich durch Paraphernalia nicht ablenken ließ. Dieser Zugriff, auch wenn er seine Risiken in sich birgt, gehört zu den Kennzeichen eines genuinen Theoriebildners. (Schröter, 1992, S. 51)

Auch Schröter geht davon aus, daß es nicht die entscheidende Frage ist, ob der Vogel nun ein Geier, ein Hühnergeier oder ein Milan war (ohne dies freilich genauer zu begründen). Dennoch handelt es sich nicht einfach um »Paraphernalia«, wenn Freud sich schließlich für die definitiv falsche Übersetzung entschloß, sich nicht der Mühe unterzog, die verschiedenen Varianten genauer zu recherchieren, und später auch die Richtigstellung von MacIagan (1923) ignorierte. Ich möchte zwei mögliche Thesen hierzu formulieren:

(1) Freud orientierte sich in erster Linie an einer fiktiven, belletristischen Darstellung Leonardos, an dem Roman Mereschkowskis. Dies würde nahelegen, daß Freud selbst eher eine Novelle oder einen Roman als eine wissenschaftliche Arbeit über Leonardo beabsichtigte (was nicht ausschließt, daß sich Freud in Rahmen dieser Novelle auch eine wissenschaftliche Aufgabe stellte). Allerdings wäre dagegen einzuwenden, daß selbst in diesem Falle unklar bleibt, warum Freud nicht gründlicher recherchierte, zum Beispiel in den ja vorliegenden ausführlichen Schriften Leonardos.

(2) Die Geierphantasie und das damit in Verbindung stehende Konstrukt des mütterlichen Penis diente Freud in erster Linie dazu, eine bestimmte Konzeption bzw. einen bestimmten Typus infantiler Sexualphantasien plausibel zu machen und damit auf der Ebene des kollektiven Unbewußten archaische Symbolik und kindliche Sexualphantasie miteinander zu verbinden. Ich tendiere dazu, diese zweite Variante als die wahrscheinlichere anzusehen, zumal die Geierphantasie in Verbindung mit der Unterstellung, Leonardo habe sich als »Geierkind« ohne Vater empfunden, ebenfalls ein wesentlicher Bestandteil der Freud-

schen Argumentation war. Vielleicht könnte man es auch so formulieren: die Versuchung, die geierköpfige, androgyne Muttergottheit Mut und die phantastischen Berichte des Nilus Horapollo über die Geierweibchen in die Argumentation aufzunehmen, war einfach zu groß.

Für andere, wesentliche Teile der Freudschen Argumentation dagegen ist es höchstens indirekt von Bedeutung, daß Freud den Milan in Leonardos Phantasie fälschlich als Geier ansah. Dafür werfen sie ganz andere Probleme auf. Ausführlich untersucht wurde, wie Freud seine Interpretation der »Geier«-Phantasie mit der Deutung einer Fellatio beginnt, diese aber bald in »eine Reminiszenz an das Saugen – oder Gesäugtwerden – an der Mutterbrust« (Freud, 1910, S. 113) umarbeitet. Die Fellatio-Deutung wird von da an vernachlässigt, auch als er sich schließlich die Frage stellt, »warum dieser Erinnerungsgehalt [des Saugens an der Mutterbrust; M. C.] in eine homosexuelle Situation umgearbeitet worden ist« (S. 119). Über die individuell wie kollektiv archaische Phantasie des mütterlichen Penis wird die hervorgehobene Bedeutung des Vogelschwanzes vor allem zu einem Hinweis auf die zeitliche Verortung der Reminiszenz: »Damals, als sich meine zärtliche Neugierde auf die Mutter richtete und ihr noch ein Genitale wie mein eigenes zuschrieb.« (S. 123) In dieser Argumentation hat es, wie wir sahen, nur eine indirekte Bedeutung, daß Freud den »nibio« als Geier übersetzte: Über die ägyptische Gottheit Mut konnte er die Frage nach der gemeinsamen Wurzel des ägyptischen Mythos und der Vogelschwanz-Phantasie Leonardos aufwerfen, die ihn zur kindlichen Phantasie des mütterlichen Penis führte. Da Freud nicht davon ausging, daß Leonardo Kenntnis von dem Geier-Mut-Zusammenhang hatte und der Schwanz jedes beliebigen Vogels in den mütterlichen Penis hätte transformiert werden können, ist der Geier hier kein notwendiges Glied in der Argumentationskette.

Dafür bleibt die Frage, warum Freud ausschließlich die Argumentationslinie Schwanz = Brust = Penis der Mutter verfolgte, ohne der Überlegung, daß es sich möglicherweise auch um die Projektion erwachsener Homosexualität oder generell homosexueller Wünsche in die Kindheit handeln könnte, auch nur die geringste Aufmerksamkeit zu schenken. Der »homosexuelle Charakter« der Szene (Freud, 1910, S. 124) bleibt interpretatorisch ein Fremdkörper, ein bloßer Verweis auf die anschließende Diskussion von Leonardos Homosexualität. Ebensowenig wird der aggressive Aspekt der Szene interpretiert (zu dem Leonardos Milan, unter anderem, hätte hinführen können; darauf komme ich zurück). Meines Erachtens zeigt der Argumentationsverlauf, *welche Mühe Freud darauf verwendet, die Dimension möglicher manifester Homosexualität, die damit verbundene Konnotation einer Fellatio und schließlich auch weitgehend die Dimension der Aggressivität* aus seiner Interpretation zu tilgen. Übrig bleibt eine von allen Aspekten genitaler Sexualität gereinigte Version der Szene.

Weniger die Übersetzung des »nibio« als Geier, als vielmehr die Verkürzung oder Engführung der Interpretation der Vogelszene, mit der die Dauer, Intensität und Zärtlichkeit der Mutter-Kind-Beziehung »bewiesen« werden soll, ist somit – nach der zirkulären Interpretation von Tatsache und Phantasie – das zweite Problem im Rahmen des Freudschen *Explanans*. Wenn die Herausgeber der Studienausgabe betonen, mit dem Geier müsse nur ein einzelnes Belegstück aufgegeben werden (vgl. Mitscherlich, Richards und Strachey, 1969, S. 90), haben sie sicherlich recht. Das Problem, wie die Vogel-Erinnerung adäquat interpretiert werden kann, das Problem psychoanalytischer Hermeneutik also, wird von ihnen nicht einmal erwähnt. Noch einmal: Warum hat Freud gegen alle Regeln einer sorgfältigen Interpretation andere konkurrierende Lesarten ignoriert, nie ernsthaft in Betracht gezogen?

Um diesen Punkt zu verdeutlichen, möchte ich einige – meines Erachtens mühelos erweiterbare – Interpretationen der Milan-Phantasie anführen, die von Freuds Linie teilweise weit abweichen. Es könnte sich dabei handeln um:

— die Transformation einer von Leonardo selbst erlebten oder phantasierten Fellatio (so Freud selbst);

— die Transformation der Beobachtung einer Fellatio im Kindesalter (Eissler, 1998);

— die Transformation einer infantilen oralen Vergewaltigung, möglicherweise durch Leonardos Vater (Reemtsma, 1998);

— die Transformation einer homosexuellen oralen Vergewaltigung, die in einen späteren Alter stattfand (Schmidbauer, 1992);

— eine bewußte Anspielung Leonardos auf die in der Renaissance verbreitete mythologische Vorstellung, auserwählte Menschen würden von einem Tier, zum Beispiel von einem Vogel, am Mund berührt. Dies galt seit Cicero als Zeichen zukünftiger Größe (Schapiro, 1956;

diskutiert bei Eissler, 1994, S. 20ff., und Collins, 1997, S. 49ff.).[62]

Allein schon das von Leonardo gebrauchte Wort »percuotere« (schlagen, hämmern), wie es in seinem Originaltext heißt, hätte Freud davor warnen sollen, in dem vom Vogel repräsentierten Anderen eine gute, lustspendende Mutter anzunehmen. Hätte Freud gewußt, daß es sich um den Milan handelt, hätte er es gemacht, wie es einige Kritiker Freuds auch tatsächlich gemacht haben:

... er hätte nämlich im Index von Leonardos »Aufzeichnungen« ... nachgeschlagen und alle Passagen durchgesehen, die sich auf den Milan beziehen. Und so wäre Freud natürlich auf Leonardos allegorische Bemerkung mit dem Titel »Neid« ... gestoßen, in der der Milan als ein Muttertier dargestellt wird, das aus Neid seinen Kindern die Nahrung vorenthält, wenn es sieht, daß sie zu fett geworden sind. (Eissler, 1994, S. 24f., vgl. auch S. 83)

Meines Erachtens ist dieser Hinweis Eisslers auf Leonardos Milan-Notiz wesentlich. Sie besitzt für die Interpretation, ähnlich wie in der psychoanalytischen Kur, die methodisch und methodologisch überragende Bedeutung einer persönlichen »Assoziation« (Eissler, 1994, S. 88f.) – selbst wenn, was wahrscheinlich ist, Leonardo ihre Elemente aus zeitgenössischen Fabeln oder Allegorien übernommen hat. Wenn es sich bei dem Vogel Leonardos (was in dem »percuotere« mehr als angedeutet wird) um einen feindseligen und neidischen Vogel handelt, dann ist Freuds Interpretation nur noch teilweise haltbar. Ob es sich nun um eine Reminiszenz an das Saugen an der Mutterbrust, um die Beobachtung einer Fellatio im Kindesalter oder um eine in späterem Alter selbst erlebte oder

---

[62] Eine kunstgeschichtlich argumentierende Beobachtung über die Bedeutung des Vogelschwanzes finden wir bei Schapiro (1956, S. 154): »Another possible connection of Leonardo's fantasy is with the image of the Holy Spirit. The Trinity is often represented in the Middle Ages with the dove's tail in God's mouth.« Schapiro fügt anschließend (ebd.) hinzu, daß dieses Thema auch in einem Relief von Verrocchio, Leonardos Lehrer, auftaucht (heute im Bargello-Museum in Florenz). Für den Kunsthistoriker wäre der Fall damit möglicherweise erledigt: Leonardo hat, angeregt durch das Vorbild seines Lehrers, seine Auserwähltheit auf die Ebene der Gottgleichheit gehoben, ganz im Sinne seiner Überzeugungen vom gottähnlichen Maler. Ich halte es für wahrscheinlich, daß auch diese Bedeutungsdimension in Leonardos Reminiszenz zum Tragen kommt. Allerdings ist damit noch nicht erklärt, daß es sich eben doch nicht um eine Taube, sondern um einen Milan handelt, und daß dieser Milan, mit Freud formuliert, »tüchtig« in Leonardos Mund »herumarbeitet«. Hier setzt die psychoanalytische Interpretation an. Sie bestreitet nicht andere Zusammenhänge, sondern fügt vielmehr neue hinzu.

phantasierte Fellatio handelt, spielt dann auch nicht mehr die entscheidende Rolle. *Entscheidend ist vielmehr die affektive Tönung der Reminiszenz: nämlich aggressiv-feindselig.* Allein schon die Vorstellung eines »molte volte mi percuotesse con tal coda dentro alle labbra«, also eines mehrfachen Stoßens bzw. mehr oder weniger gewaltsamen Eindringens der Brustwarze in den Mund des Kindes hätte Freud stutzig machen müssen. Unbeachtet bleibt auch, daß die Reminiszenz eines unerwarteten hautnahen Kontaktes mit einem großen Vogel, sei es ein Geier oder ein Milan, möglicherweise auf eine traumatische Erfahrung verweist.

Es kann sich bei der »Geierszene« somit kaum um die Reminiszenz einer wie immer ambivalenten Idylle handeln (deren Ambivalenz Freud mit dem Hinweis auf die »Heftigkeit« von Caterina Liebkosungen zumindest andeutet), sondern, wie Eissler betont, tendenziell um die *Reminiszenz eines Traumas.* Traumatisch ist dabei möglicherweise auch, wie Eissler postuliert, daß der kleine Leonardo für die Mutter die Abwesenheit des Vater kompensieren muß (Eissler, 1998, S. 407). Eissler weist dabei zurecht auf das potentiell traumatisierende Moment der »Übererregtheit« des Kindes durch die Heftigkeit und Leidenschaftlichkeit der Mutter hin (ebd.). Auch der naheliegende Gedanke, daß in die Szene das Trauma der späteren Trennung Leonardos von seiner Mutter, eventuell auch die Trennung von seinem Vater eingegangen sein könnte, wird von Freud nicht aufgegriffen.

Naheliegend ist weiterhin, wie Collins betont, der Aspekt oraler Aggressivität (wie er zum Beispiel im Kontext der kleinianischen Theorie betont wird):

The most obvious conclusion, of course, is that Leonardo perceived Caterina, or whoever acted as caretaker, as depriving. In addition to withholding food from her young, the kite punishes them for having eaten. Other inferences, though less self-evident, are equally compelling. As the kite's tail/nipple enters Leonardo's mouth unexpectedly and intrusively, one suspects that feeding was often sudden and ill-timed. And one must assume that the kite's enviousness and cruelty not only reflect Caterina's actual nursing but also indicate Leonardo's projection of his own envy of the breast and his oral rage onto the kite/Caterina. (Collins, 1997, S. 90f.)

Die Brust/Brustwarze der Mutter wäre demnach, im Sinne Melanie Kleins, feindselig. Dies würde ein neues Licht auf den zumindest latenten Sadismus in den *künstlerischen Arbeiten* Leonardos werfen (auf den Mereschkowski, 1903, häufig verweist), zum Beispiel auch auf das Lächeln der Heiligen Anna und Maria. Die Darstellungen der *Anna Selbdritt* enthalten ja, wie erörtert, deutliche Hinweise auf die Passion Christi, wobei die beiden Frauen ein verklärtes, entrücktes und gewissermaßen ungerührtes Lächeln zeigen. So wie Leonardo als Maler und Zeichner offenbar ungerührt Leid und Schmerz beobachtete, wären auch Anna und Maria ungerührt vom Leiden Christi dargestellt. Pointiert ausgedrückt: das Lächeln der Frauenfiguren Leonardos enthält auch einen Zug von Grausamkeit.

Fassen wir zusammen: Von allen durch den Text nahegelegten Interpretationen wählt Freud meines Erachtens die am wenigsten plausible. Genauer gesagt entscheidet sich Freud angesichts der grundsätzlich anzunehmenden Mehrschichtigkeit einer Reminiszenz, wie Leonardo sie schildert, für eine einzige, meines Erachtens schlecht begründete Interpretation. Der geradezu drängende Ton von Freuds Argumentation und seine Rhetorik der Suggestion (wie in der wiederholten Wendung, es handle sich »um nichts anderes als«) legen nahe, daß Freud sich *gegen* schwerwiegende Einwände (die er teilweise selbst formulierte) für die problematische Interpretation der liebevollen, ja überzärtlichen Mutter-Kind-Beziehung entschied. »Im Bestreben, den Künstler wissenschaftlich zu begreifen, wird Freud selbst zum Dichter, ordnet sein Material nach poetischen, nicht nach objektivierenden Kriterien.« (Schmidbauer, 1992, S. 95)

Plausibel ist, daß in Leonardos »Milanphantasie« – nicht zuletzt aufgrund seiner eigenen »Assoziationen« zum Milan (sprich: mütterlicher »Neid«) – der Verweis auf eine infantile Szene enthalten ist. Es handelt sich aber eher um eine Szene, in Aggression und Neid im Vordergrund stehen. Damit werden die Bedeutungsschichten, die auf einen sexuellen Akt, insbesondere eine Fellatio, hinweisen, nicht gegenstandslos. Eine derartige erweiterte Interpretation hätte zudem den Vorteil, daß sie dem methodischen Prinzip der Psychoanalyse, von der Oberfläche aus in die Tiefe zu gehen, entsprechen würde, ein Prinzip, bei dem die »Oberflächen«-Aspekte der Interpretation weiterhin ihre Bedeutung behalten (Freud hat dieses Prinzip anschaulich im »Theaterkarten-Traum« verdeutlicht; vgl. Freud, 1917, S. 136ff.). *Die Milanerinnerung stützt somit keineswegs die Annahme eines längeren zärtlichen Zusammenseins zwischen Leonardo und seiner Mutter, sondern sie verweist eher auf traumatische Erfahrungen.* Damit ist die zentrale Ausgangsbedingung im Rahmen des Freudschen *Explanans* nicht länger zu halten.

Warum hielt Freud gleichwohl so hartnäckig an seiner Interpretation fest? Im Anschluß an meine bereits vorgetragenen Überlegungen über Freuds eigene Themen bei der Auseinandersetzung mit Leonardo möchte ich hier nur auf zwei mögliche Erklärungen verweisen.

Es ist häufig darauf hingewiesen worden, daß Freud seinen Leonardo-Aufsatz in einer Schaffensphase schrieb, in der er, so Eissler, die »Ätiologie der Neurosen durch äußere Traumen« fallen ließ:

> 1910 markiert den Höhepunkt der traumalosen Periode. Während dieser Zeit wird Psychopathologie durch Verwicklungen und Komplikationen erklärt, die in der libidinösen Entwicklung selbst liegen. In der Leonardo-Studie wird dies konsequent durchgeführt. Hätte Freud sie 1915 geschrieben, wäre die Beschreibung der ersten fünf Jahre ganz anders ausgefallen. Nach der Analyse des Wolfsmannes gibt es in Freuds Œuvre keine glückliche Kindheit. (Eissler, 1998, S. 407f.)

Die Beobachtung einer Fellatio oder gar eine orale Vergewaltigung im frühen Alter, aber auch eine traumatisierende Mutter-Kind-Interaktion anzunehmen, hätte in diesem Sinne eine erhebliche Störung des Freudschen Konzeptes bedeutet.

Es ist ebenfalls darauf hingewiesen worden, daß Freud sich mit Leonardo identifizierte. »Ich bin sonst ganz Leonardo.« schrieb Freud 1910 an Jung (zit. nach Schmidbauer, 1992, S. 100). Es gibt genügend biographische Anhaltspunkte, die diese Identifikation (und damit vice versa: die Projektion eigener Anteile auf Leonardo) verständlich machen: die enge Beziehung zu seiner Mutter, sein außerordentlicher Forscherdrang und nicht zuletzt, wie bereits dargestellt, die homoerotische Dimension seiner Beziehungen zu Fließ und Jung. Deshalb mag Freud so nachdrücklich auf der »ideellen« Homosexualität von Leonardo bestanden haben. Auch bei Freud gab es eine Aufspaltung in künstlerische und wissenschaftliche Interessen, wobei letztlich das wissenschaftliche Interesse, der »Forscherdrang«, dominierte. Und schließlich schreibt er Leonardo eine Einstellung zu, die er auch für sich beansprucht: Leonardo habe sich nicht konventionellen Autoritäten, sondern nur den »Gesetzen der Natur« unterworfen (Freud, 1910, S. 147).

Andererseits – ich hatte darauf hingewiesen – gibt es bei Freud auch den Triumph über den Homosexuellen-Paranoiker: »Mir ist das gelungen, was dem Paranoiker mißlingt.« (Zit. nach Gay, 1989, S. 312) Wenn Freud, wie vermutet, auch ein Stück seiner Selbstanalyse in wissenschaftlich-poetischer Form durch seine Auseinandersetzung mit Leonardo weitergeführt hat, dann sichert er sich durch seine Interpretation auch eine Art von Triumph über Leonardo: Auch ich bin ein bedeutender, geistig unabhängiger Wissenschaftler geworden, aber nicht, wie Leonardo, homosexuell und gehemmt.

Der »Fall« Leonardo da Vinci – ein Mißverständnis Freuds?

Die kunstgeschichtliche und biographische Forschung hat Freuds Interpretation der Person und des Werkes Leonardos, über die bekannten Übersetzungsfehler hinaus, in fast allen Punkten in Frage gestellt. Wie bereits erwähnt, heiratete Leonardos Mutter bald nach seiner Geburt, und zwei bis drei Jahre später brachte sie Piera, Leonardos Halbschwester, zur Welt. Welche Rolle Catarinas Ehemann auch gespielt haben mag: die These, daß in der frühen Kindheit Leonardos eine väterliche Figur fehlte – Freuds zentrales Argument, warum sich Leonardos Forscherdrang ungehindert entwickeln konnte -, kann in der Freudschen Version nicht aufrechterhalten werden. Freuds Version ließe sich nur mit der (schwer zu belegenden) Hilfsthese aufrechterhalten, daß auch Leonardos Stiefvater in seinem kindlichen Alltag nicht präsent war.

Ähnliches gilt für Freuds These eines langen, zärtlichen und nicht durch Dritte gestörten Zusammenlebens von Leonardo und seiner Mutter. Etwa ab dem Ende von Leonardos erstem Lebensjahr war Caterina nicht nur mit einem neuen Sexualpartner und Ehemann, sondern auch mit einer neuen Schwangerschaft beschäftigt, und ab dem dritten Lebensjahr gab es als Konkurrentin um die Aufmerksamkeit und Zuneigung der Mutter Leonardos Halbschwester Piera. Es kann nicht ausgeschlossen werden, daß Leonardos Vogelphantasie eine mythologische Selbststilisierung versucht, da Leonardo ein starkes Sendungsbewußtsein besaß (der Maler als »Herr und Gott«; vgl. Chastel, 1990, S. 165) und darüber hinaus »eitel und affektiert« war (Wassermann, 1991, S. 7). Aber wenn man unterstellt, daß sie tatsächlich eine frühe Erinnerung enthält, so kann sich Freuds Annahme einer intensiven und ausschließlichen, ja überzärtlichen Zuneigung nur auf die beiden ersten Jahre beziehen. Eissler kommt zu einer ähnlichen Schlußfolgerung:

> Gerade diese Fixierung [das heißt Leonardos Milan-Erinnerung; M. C.] spricht sehr für ein intensives, wenn auch womöglich nur kurzes Zusammensein von

Mutter und Kind und für das darauffolgende Verschwinden der Mutter, wobei die ganze Situation durch die Abwesenheit des Vaters (oder doch seine bloß seltene Anwesenheit) noch verschlimmert wurde. (Eissler, 1994, S. 95)

Manifeste Erinnerungen an diese frühe Zeit sind meines Erachtens ausgesprochen selten und in der Regel Deckerinnerungen, wie dies ja auch bei Leonardo der Fall sein dürfte. Ich halte es für möglich, daß Leonardos Erinnerung eine Reminiszenz an diese beiden ersten, möglicherweise glücklichen Jahre ist. Dennoch bleibt dann das Problem, daß die von Leonardo geschilderte Reminiszenz eine deutlich (oral-)aggressive Färbung aufweist (der Freud ja auch mit seiner Formulierung von der »Heftigkeit« der Liebkosungen Caterinas teilweise Rechnung trägt). Leonardos Milanallegorie (der Milan als feindseliger und neidischer mütterlicher Vogel) unterstreicht diesen aggressiven Aspekt. Leonardos Kindheitserinnerung ist somit vorwiegend eine Szene, die geprägt ist von Aggression und Feindseligkeit, Frustration und Neid (Leonardo muß jetzt die Mutter mit Piera teilen!). Möglicherweise ist die Szene auch eine Reminiszenz *an seine Trennung von Caterina*, an eine feindselige Mutter, eine Milan-Mutter, die ihr Kind verstößt.

Die mittlerweile bekannten Daten (Caterina Eheschließung, zweite Schwangerschaft und Geburt eines Geschwisters) sowie die aggressive Färbung der Kindheitserinnerung (der Milan als feindseliger mütterlicher Vogel): diese beiden Aspekte entziehen Freuds Überlegungen zur Genese von Leonardos Homosexualität die Grundlage. Freud zufolge konnte sich die spezifisch erotische Bindung Leonardos an seine Mutter nur in dem Zeitraum zwischen dem dritten und dem fünften Lebensjahr entwickeln. Ähnliches gilt für die Sublimierung von Leonardos Sexualforschung in Wißbegierde. Es soll damit nicht Leonardos Homosexualität bezweifelt werden. *Zu ihrer psychoanalytischen Begründung bedarf es jedoch neuer Argumente.* Die lange, überzärtliche Mutterbeziehung, wie Freud sie unterstellte, reicht dafür nicht aus – aus dem einfachen Grund, daß es sie, geht man von den vorliegenden Daten aus, in dieser Form nicht gegeben hat. Leonardo war ohne Zweifel homosexuell, alle Anzeichen deuten jedoch eher darauf hin, daß Leonardos erste Lebensjahre durch eine *Traumatisierung* charakterisiert waren und nicht durch eine überzärtliche Mutterbeziehung.

Dabei liegt – das möchte ich noch einmal hervorheben – das Problem von Freuds »Erklärung« der Biographie Leonardos nicht in erster Linie darin, daß Freud die uns heute verfügbaren Daten noch nicht kannte. Vielmehr verdeutlichen sie zusätzlich, daß Freuds Konstruktion der »Tatsache« eines längeren zärtlichen Zusammenlebens von Leonardo und seiner Mutter auf einem Zirkelschluß und einer reduktionistischen Interpretation der Milanphantasie beruht. Zusammenfassend läßt sich sagen, daß an Freuds Leonardo-Studie nicht nur die Probleme einer kausalanalytisch verfahrenden psychoanalytischen Biographik, sondern auch die von Freuds »Zugriff« auf die Biographie Leonardos deutlich werden. Möglicherweise sind die geschilderten Probleme des Freudschen Ansatzes nicht zuletzt dem Umstand geschuldet, daß Freud, im Sinne eines kausalanalytischen Ansatzes, die »Erklärung« der Biographie Leonardos auf ein griffiges »explanans« und in diesem Rahmen auf griffige Hypothesen bringen mußte. Vor dem Hintergrund eines anderen methodologischen Ansatzes hätte er darauf möglicherweise zugunsten einer differenzierteren und ausgewogeneren Beschreibung (gewissermaßen einer »dichten Beschreibung« im Sinne von Clifford Geertz, 1987) verzichtet.

Damit möchte ich nicht behaupten, daß ein kausalanalytisch-biographischer Ansatz unmöglich ist. Entscheidend sind dabei aber unter anderem der Umfang und die Dichte des Datenmaterials, das zur Verfügung steht. Einen Ansatz, wie Freud ihn versuchte, letztlich auf zwei Daten, eine Steuererklärung und eine Erinnerung, aufzubauen, ist nicht nur per se riskant, sondern ignoriert auch die Komplexität des untersuchten Subjekts.[63] Freuds These der künstlerischen und sexuellen Hemmung Leonardos steht – wie auch der Briefwechsel mit Jung nahelegt – von Anfang an fest und wird nicht aus dem biographischen Material erschlossen. Konkurrierende Interpretationen (zum Beispiel die eines frühkindlichen Traumas) werden von Freud nicht einmal in Erwägung gezogen. Daß dies mit dem damaligen Stand der Freudschen Theorie, möglicherweise aber auch mit unaufgearbeiteten Gegenübertragungen Freuds zu tun hat, wurde bereits

---

[63] Aus der Perspektive kausalanalytischer Forschung gibt es noch einen weiteren Einwand gegen Freuds Vorgehen: Ein Explanans darf nicht auf interpretierten Daten beruhen, sondern diese müssen von allen kompetenten Beobachtern übereinstimmend feststellbar sein. Natürlich stellt sich dabei die Frage, ob es im strikten Sinne uninterpretierte Daten überhaupt gibt. Popper (1966) bezweifelt dies bekanntlich sogar für die Naturwissenschaften: Daten sind stets Daten »im Lichte einer Theorie«. Dennoch kann an dieser Stelle als wissenschaftslogisch interessantes Ergebnis festgehalten werden, daß Freud eine andere Theorie hätte entwickeln müssen, wenn er sich an den empirischen Daten der frühen Lebensgeschichte Leonardos orientiert hätte, statt derartige »Daten« mit Hilfe einer letztlich zirkulären Interpretation zu hypostasieren.

erwähnt. Freuds Fallgeschichte *Leonardo da Vinci* zeigt in dramatischer Weise, wie schnell es auf dem Terrain der angewandten Psychoanalyse zu Fehleinschätzungen und Mißverständnissen kommen kann.

Darüber hinaus läßt sich an Freuds Studie auch der triviale Sachverhalt verdeutlichen, wie schnell eine Interpretation oder Erklärung in eine Sackgasse, in einen negativen hermeneutischen Zirkel gerät, wenn das Material aus der Perspektive einer vorgefaßten Meinung erschlossen wird. Statt dessen wäre das vorhandene Datenmaterial zunächst einmal sorgfältig und einzeln zu interpretieren, um *dann* die so gewonnenen Einzelinterpretation aufeinander zu beziehen und auf ihre Kompatibilität und »Anschlußfähigkeit« zu überprüfen. Überdies hat Freud auch die Probleme ignoriert, die entstehen, wenn Daten nicht im Rahmen einer psychoanalytischen Kur, sondern im Rahmen angewandter Psychoanalyse – hier bei der Analyse des Werkes und der Person eines Künstlers – erhoben werden.

Die Überprüfung der Argumentation Freuds im »Fall« Leonardo da Vinci führt somit zu ernüchternden Schlußfolgerungen:Freuds Beweisführung hinsichtlich Leonardos sexueller und künstlerischer Hemmung (»explanandum«), die er auf die pathetische Formel vom »tragischen Zug des Mißglückens« bringt, ist nur an wenigen Stellen überzeugend:

- Möglicherweise war Leonardo, wie Freud unterstellt, lediglich »ideell« homosexuell, was sich freilich bezweifeln läßt. Auf jeden Fall hat er sich weitaus mehr mit Sexualität beschäftigt, als Freud ihm zugesteht, und eine »kühle Sexualablehnung« ist nur in Bezug auf *heterosexuelle Sexualität* zu plausibilisieren.
- Allenfalls vor dem Hintergrund der anachronistischen Vorstellung von Leonardo als »Nur-Maler« könnte man ihn als künstlerisch »gehemmt« bezeichnen. Tatsächlich hat Leonardo das Renaissance-Ideal des *uomo universale,* der universellen kreativen Entfaltung der Persönlichkeit exemplarisch verwirklicht und war als Maler, Wissenschaftler und Ingenieur gleichermaßen erfolgreich. Daß die Malerei für Leonardo »göttlich« und sein Anspruch an die Malerei entsprechend hoch war, hat vielleicht die Quantität der von ihm geschaffenen Werke, aber gewiß nicht deren Qualität beeinträchtigt, im Gegenteil.

Der von Freud entwickelte Erklärungsansatz (»explanans«) ist in mehrerer Hinsicht fragwürdig. Die zentrale, seiner Erklärung zugrundeliegende »Tatsache« resultiert aus einer zirkulären und einseitigen, andere Lesarten ignorierenden Interpretation des Inhalts der Kindheitserinnerung Leonardos. Hinzu kommt, daß auch die Hypothesen, mit denen Freud den Zusammenhang zwischen »explanans« und »explanandum« zu begründen versucht, inkonsistent und unvollständig sind. Dies gilt insbesondere für vier Teilbereiche:

–   Das Verhältnis zwischen Leonardos »ganz besondere[r] Neigung zur Triebverdrängung und seiner außerordentliche[n] Fähigkeit zur Sublimierung« (Freud, 1910, S. 157) bleibt ungeklärt. Wie soll eine hoch entwickelte frühkindliche Sublimierungsfähigkeit mit einer ebenso ausgeprägten Verdrängungsneigung vereinbar sein? Ungeklärt bleibt in diesem Zusammenhang auch die Genese der von Freud diagnostizierten, zunehmend regressiven bzw. zwangsneurotischen Tendenzen (Leonardos Abwendung von der Malerei, sein »Grübelzwang« oder seine »Abulien«). Die »Pathographie« Leonardos wirkt so letztlich wie eine wenig integrierte Ansammlung unterschiedlicher neurotischer Züge.
–   Offen bleibt, warum Leonardos Disposition zur Homosexualität durch einen »energischen Verdrängungsschub« (Freud, 1910, S. 154) so modifiziert wurde, daß er keine »normale« manifeste, sondern lediglich eine gehemmte, »ideelle« Sexualität entwickeln konnte.
–   Offen bleibt, warum – gerade bei einem Maler – das weitere Schicksal des Partialtriebs der Schaulust keine Beachtung findet. Wie ausgeführt wurde, könnte eine Integration der (sublimierten) Schaulust als »Gegengewicht« zur »Wißbegierde« zu einem ausgewogeneren Gesamtbild des Forschers und Künstlers Leonardo führen.
–   Offen bleibt schließlich, warum der Regressionsprozeß, die »regressive Ersetzung«, die zu einer zunehmenden Hemmung seiner Kunst geführt habe, durch den Wegfall seines »den Vater ersetzenden Gönners« Lodovico Moro stattgefunden haben soll, zumal Leonardo in der Zeit danach künstlerisch besonders produktiv war und es ihm immer wieder gelang, neue Gönner und Mäzene zu finden (beispielsweise Guiliano de' Medici oder Franz I).

Damit ist Freuds Erklärungsansatz gescheitert: Weder das Explanans noch das Explanandum können stichhaltig begründet oder auch nur plausibilisiert werden.

Zum Schluß stehen wir, um Chastel (1990, S. 43) zu zitieren, »ratlos und bewundernd« vor Leonardo. Freud hat mit großer Intuition einige wichtige Merkmale der Person und des Werkes Leonardos herausgearbeitet. Dies gilt in erster Linie für einen zentralen Aspekt: die Faszination Leonardos durch das Phänomen der *Androgynität*. Obwohl Freud dieses Phänomen nicht in den Mittelpunkt stellte, hat er durch seine Interpretation der Milanphantasie einen wichtigen Beitrag geleistet, der es uns ermöglicht, einen Einblick in die Tiefenstruktur dieses Phänomens in seiner Bedeutung sowohl für die Person als auch für das Werk Leonardos zu gewinnen.

Der Mensch Leonardo bleibt uns nach wie vor weitgehend ein Rätsel. Allenfalls tauchen, eher schemenhaft, verschwommen und anders, als Freud es beschreibt, Züge einer durch frühe Traumata geprägten narzißtisch-depressiven Persönlichkeit, verbunden mit Größen- und Allmachtsvorstellungen, auf. An Leonardo da Vinci können wir beispielhaft *die Möglichkeiten, aber auch die Grenzen einer psychoanalytischen Biographik erkennen.*

Exkurs: Mereschkowskis »Leonardo«

Die Bedeutung, die Mereschkowskis Roman *Leonardo da Vinci* (1903) für Freud hatte, ist von vielen Autoren hervorgehoben worden. Der Roman beeindruckt durch seine literarische Qualität, zudem ist er stellenweise eher eine Biographie als ein Roman oder, anders formuliert, ein eindrucksvolles Zwitterwesen aus Roman und Biographie. Bramly zufolge soll er zu Freuds zehn Lieblingsbüchern gehört haben (vgl. Bramly, 2000, S. 68, vgl. auch Israels, 1992). Dennoch hat die Bedeutung dieses Romans für Freuds Essay bisher wenig Aufmerksamkeit gefunden. Außer daß auf Stellen hingewiesen wurde, in denen sich Freud *direkt* auf Mereschkowski bezieht (zum Beispiel bei seiner Einschätzung, daß es sich in Leonardos Notiz über Catarina um Leonardos Mutter und nicht um eine Bedienstete handelt; vgl. Bramly, 2000, S. 288), ist mir keine ausführlichere Analyse des Zusammenhangs zwischen Freuds Essay und Mereschkowskis Roman bekannt. Ich möchte deshalb versuchen, in aller Kürze zu überprüfen, in welcher Weise sich Freud auf den Roman bezogen hat. Auch dabei dürfte sich ein interessanter Einblick in Freuds Arbeitsweise ergeben: Welche Gedanken Mereschkowskis übernimmt Freud, welche ignoriert er?

Mein erster Eindruck ist, daß Freud von einigen Gedanken Mereschkowskis im Hinblick auf Leonardo fasziniert war, Gedanken, die sich jeweils auch auf Notizen Leonardos gründeten. Es handelt sich dabei um Gedanken, mit denen Freud – aus psychoanalytischer Perspektive – schon damals beschäftigt war. Die wichtigsten dieser Gedanken waren, in Freuds Terminologie, der Begriff der »Ananke«, das heißt der »Lebensnot«, und der Begriff des »Todestriebs«. Zwar spricht Leonardo nicht von Ananke oder Lebensnot, wohl aber von »Notwendigkeit«. Eine spiegelschriftlich verfaßte Notiz Leonardos lautet: »Die Notwendigkeit, die ewige Lehrmeisterin.« (Zit. nach Mereschkowski, 1977, S. 259) Berücksichtigt man Leonardos naturwissenschaftlich-kosmologisches Verständnis, demzufolge es für den Maler wie für den Naturwissenschaftler oder Philosophen entscheidend ist, sich ein umfassendes Wissen von den Gesetzmäßigkeiten der menschlichen Natur, der Welt und des Kosmos zu verschaffen, dann erhält die »Notwendigkeit« eine Bedeutung, die Freuds »Ananke« zumindest ähnlich ist.

Noch deutlicher ist die Parallele zu Freuds Todestrieb. Bekanntlich hatte Freud spätestens in *Jenseits des Lustprinzips* (1920) der Libido, dem Eros, den Todestrieb gegenübergestellt, den er zunächst auf die Spekulation gründete, daß alles Leben wieder in einen spannungslosen, den anorganischen Zustand zurückstrebt. Freud spricht in diesem Zusammenhang auch vom »Nirwana-Prinzip«. Eine Notiz Leonardos spricht denselben Gedanken aus:

> Jetzt siehst du, daß deine Hoffnung und dein Wunsch in die Heimat, zum ersten Sein zurückzukehren, dem Streben des Schmetterlings nach dem Feuer gleicht, und daß der Mensch nicht bemerkt, daß er nur den eigenen Verfall und das Ende herbeisehnt. Doch dieser Wunsch ist das Wesen der Natur, die Seele der Elemente, die sich in der menschlichen Seele eingeschlossen fühlt und ewig aus dem Leibe zu dem zurückzukehren begehrt, der sie gesandt hat. (Zit. nach Mereschkowski, 1977, S. 556)

Es wäre reizvoll zu untersuchen, ob Freud darin nur eine Übereinstimmung mit seinem Denken feststellte oder ob Leonardo ihn sogar zu derartigen Überlegungen anregte.

Weitere Übereinstimmung zwischen Freud und Mereschkowski gibt es hinsichtlich Leonardos »ideeller Homosexualität« und seinem angeblichen Desinteresse an allem, was den »Eros« anbelangt. Damit sind die Gemeinsamkeiten – so bedeutend sie sein mögen – allerdings erschöpft. In fast allen anderen Aspekten zeichnet Mereschkowski ein deutlich anderes Bild von Leonardo als Freud.

Wiederum ist es – wie in meinen eigenen Überlegungen – vor allem der Aspekt der »Hemmung«, der von Mereschkowski anders als bei Freud dargestellt wird. Anstelle eines »gehemmten« Menschen wird von Mereschkowski ein zwischen seinen vielfältigen Interessen hin- und hergerissener Mensch geschildert, der zudem durch eine gewisse Verspieltheit, ja Kindlichkeit charakterisiert wird. Mereschkowski beschreibt ausführlich zahlreiche Szenen, in denen Leonardo, nicht nur als Regisseur höfischer Feste, Gegenstände und Arrangements schuf, um Freunde und Bekannte in Erstaunen zu versetzen und gelegentlich zu erschrecken. Berühmt wurde Leonardo, Mereschkowski zufolge, zunächst auch nicht als Maler, sondern als Regisseur und Ingenieur, nicht zuletzt aber als Schöpfer des *Cavallo*, eines riesigen Terrakotta-Pferdes (dessen Höhe ohne Sockel auf sieben Meter geschätzt wird). Es war als Modell eines Denkmals für den Vater des regierenden Herzogs von Mailand gedacht. An diesem Entwurf arbeitetet Leonardo sechs Jahre lang, die Bronzefassung wurde nie fertiggestellt, das Modell von französischen Bogen- und Armbrust-Schützen zerstört.

Auch aus Mereschkowskis Sicht hatte Leonardo in seinen Unternehmungen häufig keine glückliche Hand. Die für damalige Verhältnisse unglaublich kostspielige Umleitung des Arno (die von Florenz aus militärstrategischen Erwägungen begonnen wurde) scheiterte bzw. wurde abgebrochen. Ebenso scheiterten alle Berechnungen und Versuche Leonardos, flugtaugliches Gerät herzustellen. Ein Gehilfe Leonardos stürzte bei einem dieser Flugversuche so schwer, daß er zeitlebens ein Krüppel blieb und von Leonardo versorgt wurde. Folgt man den Gedanken Mereschkowskis, dann war dieses Scheitern die zentrale narzißtische Kränkung Leonardos, die noch schwerer wog als der Rückgang an Malaufträgen im Alter. Letzteres war zwar kränkend, aber materiell weniger gravierend, da er in seiner Stellung als einer Art Hofmaler bei Franz I. von Frankreich zumindest Kost und Logis hatte.

Erstaunlich ist, insbesondere angesichts Freuds hoher moralischer Sensibilität, daß er nur am Rande auf einen Aspekt eingeht, der von Mereschkowski ausführlich geschildert wird: Leonardos scheinbare moralische Indifferenz. So schreibt Mereschkowski über Leonardos Reaktion anläßlich der Ermordung Astorres, des Herrschers von Faenza, durch Cesare Borgia, in dessen Diensten Leonardo damals stand: »So schwieg er über die gröbsten Verletzungen des moralischen Gleichgewichts und ereiferte sich über eine Verletzung der Gesetze der Mechanik beim Bau romagnolischer Karren.« (Mereschkowski, 1903, S. 350) Freud bemerkt nur an einer Stelle, daß Leonardo »oft wie indifferent gegen Gut und Böse« erschien (1910, S. 96), enthält sich aber eines weiteren Kommentars.

Aus der Sicht Mereschkowskis ist diese »Indifferenz« eine Folge der wissenschaftlichen und künstlerischen Neugier: Sie drückte sich beispielsweise auch darin aus, daß Leonardo als »Schaulustiger« an öffentlichen Hinrichtungen teilnahm und den Todeskampf der Verurteilten skizzierte. Eine weitergehende psychologische Analyse findet sich weder bei Mereschkowski noch bei Freud. Eine derartige Analyse hätte Freud allerdings mit dem komplexen Problem der »Kreativität« konfrontiert. Ich werde im nächsten Abschnitt zeigen, warum Freud diese Aufgabe nicht in Angriff nehmen konnte.

Psychoanalyse und künstlerische Kreativität

Die Analyse kann nichts zur Aufklärung der künstlerischen Begabung sagen, und auch die Aufdeckung der Mittel, mit denen der Künstler arbeitet, der künstlerischen Technik, fällt ihr nicht zu.

(Freud, 1925, S. 91)

Die Frage nach dem Besonderen der psychologischen Vorgänge, die zur Kunst gehören, zu ihrer Schöpfung und Neuschöpfung, wirft ein Problem auf, das zu lösen wir kaum Hoffnung haben. Alles, was wir hoffen können, ist uns ihnen zu nähern ...

(Kris, 1977, S. 30)

Das »Unbehagen« an Freuds Leonardo und seiner »ex negativo«-Theorie künstlerischer Kreativität

Die bisherigen Überlegungen zu Freuds Leonardo-Essay machen verständlich, warum diese Arbeit vorwiegend reserviert, ja sogar »mit großer Mißbilligung« (Kraft, 1984a, S. 20) aufgenommen wurde. Mit wenigen Ausnahmen – zum Beispiel von Eissler (1994) und, deutlich zurückhaltender, von Schapiro (1956) und Clark (2000) – überwogen in der Rezeption die kritischen Stimmen. Ohne Freud beim Namen zu nennen, aber mit dem Hinweis auf Leonardo, verallgemeinert Winnicott (1973, S. 82) diese Kritik: »Es ist unvermeidlich, daß derartige Studien über bedeutende Menschen, Künstler und kreative Menschen im allgemeinen Ärger erregen.« Bereits das vordergründige Lob, das Freud bei seinem ersten Vortrag des (gekürzten) Leonardo-Textes in der Wiener psychoanalytischen Mittwoch-Gesellschaft am 1. Dezember 1909 entgegengebracht wurde, Lob, das nur mühsam die kritischen Einwände der Teilnehmer kaschieren konnte, spricht eine deutliche Sprache. So wird im Protokoll zum Beispiel vermerkt »GRAF hat den Eindruck, daß zu einer Schöpfung, wie sie das *Abendmahl* darstellt, dieses Verzetteln der künstlerischen Potenz nicht stimme.« (Nunberg und Federn, 1977, S. 314) Freud selbst hat die Zurückhaltung, die sich hinter dem Lob verbarg, deutlich wahrgenommen. In einem Brief an Ferenczi schreibt er am 3.12.1909 über die Reaktion auf seinen Vortrag: »Ich habe nichts Gutes als Antwort zu hören bekommen ...« (Freud und Ferenczi, 1993, S. 180)

Das »Unbehagen« an Freuds Text hängt meines Erachtens vor allem mit zwei Punkten zusammen. Zum einen ist Freuds triebtheoretische Sicht auf Kunst und Künstler zu nennen, die er hier wie in anderen Arbeiten hartnäckig vertritt, eine Sicht, die Gedo (1996, S. 7) als einen »sterile viewpoint« bezeichnet. Die Skepsis gegenüber dem triebtheoretischen Ansatz hat auch innerhalb der Psychoanalyse stetig zugenommen, mit dem Resultat, daß mittlerweile eine große Anzahl alternativer Konzepte vorliegen. Insofern ist es nicht zutreffend, wenn es im Vorwort zu einem neueren Sammelband zu diesem Thema heißt: »Die Revision dieser triebtheoretischen Auffassung, die Kreativität als sekundäres Produkt unerfüllter Triebwünsche und deren gelungener Abwehr sieht, steht bis heute noch aus.« (Schlösser und Gerlach, 2001, S. 9) Ich werde im folgenden einige dieser alternativen Konzepte vorstellen und versuchen, einen eigenen Beitrag zu dieser Fragestellung zu entwickeln.

Zum anderen dürfte das »Unbehagen« mit dem ambiguen Charakter der Freudschen Leonardo-»Pathographie« zusammenhängen (ähnliches könnte auch am Beispiel der Dostojewski-Studie gezeigt werden). Wie wir gesehen haben, will Freud die komplexe Persönlichkeit Leonardos verstehen *und* erklären, allerdings, wie er betont, wesentlich aus der Perspektive von Leonardos künstlerischer und sexueller *Hemmung*. Zugleich handelt es sich aber auch, da Freud trotz aller »Hemmung« auch dessen künstlerische Leistung hervorhebt, um einen Text zur *künstlerischen Kreativität* Leonardos, gewissermaßen um eine Analyse von Kreativität ex negativo. Um von Hemmung zu sprechen, muß auch von dem gesprochen werden, was gehemmt *wird*. Mit anderen Worten: Wer von gehemmter Kreativität spricht, kann – um an dieser Stelle Horkheimer zu variieren – von Kreativität im positiven Sinne nicht schweigen.

Über die positiven Aspekte und Determinanten von Leonardos Kreativität erfahren wir freilich *explizit* wenig, sieht man einmal von dem selbst ambiguen Konzept der Sublimierung – einer Sublimierung, die in ihren Wirkungen einer Verdrängung gleichkommt – ab. Mehr noch: Das Problem der künstlerischen »Begabung« wird, wie das oben angeführte Freud-Zitat zeigt, ausdrücklich aus dem Zuständigkeitsbereich der Psychoanalyse verwiesen. Der Leser bleibt somit, sollte er sich für die positiven Aspekte von Leonardos Kreativität interessieren, auf sich selbst gestellt. So ist es schließlich wenig verwunderlich, wenn – wie das Winnicott-Zitat nahelegt – man Freuds Darstellung letztlich als ein Zerrbild Leonardos erlebt.

Nun spricht Freud selbst nicht von »Kreativität«, sondern in der Regel von »künstlerischer Begabung«, von »künstlerischer Leistung« oder »künstlerischer Leistungsfähigkeit«. Zugleich verwendet er diese Begriffe ohne Differenzierung für *alle* Künstler, also für »normale« wie für »genialische« Kreativität (zu dieser Unterscheidung vgl. Lenk, 2000, S. 96; ähnlich Arieti, 1976, S. 10ff.). Zwar mag, wie beispielsweise Mitscherlich (1982, S. 7) schreibt, die »geniale Begabung« sich dem wissenschaftlichen Zugriff entziehen. Für die Determinanten oder Entwicklungsbedingungen künstlerischer Kreativität schlechthin ist dies jedoch nicht gleichermaßen zwingend. In Freuds Formulierungen sind meines Erachtens zwei Aspekte zusammengefaßt, die es analytisch zu trennen gilt: das Phänomen der gleichsam »normalen« künstlerischen Kreativität und das Phänomen der künstlerischen Ausnahmebegabung, des »Genies«. Wenn Freud (1925, S. 91) also apodiktisch behauptet, daß die Psychoanalyse nichts zur »Aufklärung der künstlerischen Begabung« beitragen kann, gilt dies dann auch für künstlerische Kreativität schlechthin bzw. ist es von Freud überhaupt so gemeint? Immerhin ist ja Sublimierung zumindest *ein* von Freud hervorgehobener Aspekt künstlerischen Schaffens, ein, wie es scheint, notwendiger, aber nicht ausreichender Faktor von Kreativität. Freuds verständlicher Respekt vor der »genialen« künstlerischen Begabung ist meines Erachtens kein zwingender Grund, künstlerische Kreativität generell aus dem Zuständigkeitsbereich der Psychoanalyse zu verweisen.

Ich möchte mich hinsichtlich der Behandlung dieser beiden Aspekte zunächst der Auffassung Mitscherlichs anschließen:

> Die Merkmalskombination, die psychophysisch für eine geniale Begabung Voraussetzung ist, mag unzugänglich bleiben; damit ist aber nicht alles psychologische Interesse am schöpferischen Prozeß abgefunden. Wie Begabungselemente schöpferischer Qualität mit anderen mitgebrachten oder erworbenen Begabungen korrelieren oder bloß koexistieren – seien es Ich-Leistungen, seien es Prozesse im Es oder Strukturierungen im Vorbewußten -, das bleibt ein Forschungsfeld, das uns keineswegs verschlossen ist und in das wir allmählich wichtige Einblicke gewinnen. (Mitscherlich, 1982, S. 7f.)

Damit ist das Forschungsfeld, in das ich mich im folgenden vorwagen möchte, genauer bestimmt: Es geht um das Problem sozusagen »normaler« künstlerischer Kreativität, wie Mitscherlich oder Lenk sie definieren (sofern künstlerische Kreativität überhaupt »normal« ist). Wenn ich mich dabei zunächst noch einmal mit Leonardo bzw. Freuds Leonardo beschäftige, dann versuche ich nicht, die Ausnahmeerscheinung Leonardo, das »Universalgenie«, zu verstehen, sondern im oben definierten Sinne Aspekte und Entstehungsbedingungen seiner wissenschaftlichen und insbesondere künstlerischen *Kreativität*. Das Verständnis von künstlerischer Kreativität in diesem allgemeineren Sinne vermag uns dann möglicherweise auch den Blick für das öffnen, was wir »Genie« nennen.

Sieht man von einigen – freilich bedeutungsvollen – Details ab, so bleibt der Leser in Freuds Essay, was die »künstlerische Begabung« oder künstlerische Kreativität Leonardos im *positiven* Sinne anbelangt, mehr oder weniger ratlos zurück. Zunächst scheint Freuds Argumentation klar und eindeutig zu sein:

> Daß es ihm nach infantiler Betätigung der Wißbegierde im Dienste der sexuellen Interessen dann gelungen ist, den größeren Anteil seiner Libido in Forscherdrang zu *sublimieren*, das wäre der Kern und das Geheimnis seines Wesens. (Freud, 1910, S. 107; Herv. M. C.)

Freud versäumt jedoch nicht, sogleich darauf hinzuweisen: »Aber freilich der Beweis für diese Auffassung ist nicht leicht zu erbringen.« (Ebd.) Der »Kern« von Leonardos Kreativität – verstärkt durch den Hinweis, daß dies zugleich der »Kern« seines Wesens sei – wird uns von Freud also von Anfang an klar im Bereich von Leonardos *Forschertätigkeit* präsentiert. In der weiteren Argumentation bleibt dies *explizit* auch der einzige Punkt, an dem Freud positiv von Leonardos Kreativität spricht.

Dann freilich verwirren sich, wie wir gesehen haben, die Argumentationsfäden: Die Sublimierung kommt einer Verdrängung gleich, und die Liebe zur Mutter wird durch einen »energischen« Verdrängungsschub unterbrochen. Allerdings wirkt sich das auf Leonardos künstlerische Produktivität auch aus Freuds Sicht nicht nur negativ aus: Die *Mona Lisa* und die *Heilige Anna Selbdritt* sind, Freud zufolge, auch Versuche, das Bild der Mutter zu *gestalten*. Sublimierung, Verdrängung, schließlich auch Regression und eine ambivalente Identifizierung mit dem Vater werden bemüht, um die Leonardo als Künstler und als Person prägende *Hemmung* zu plausibilisieren. Die *Regression* allerdings setzt ein, als Leonardos Beziehung zu dem »Vaterersatz« Lodovico Sforza abbricht, diese zeigt sich im Rückschluß also als ausgesprochen förderlich für Leonardos Kreativität. Schließlich wird Leonardo in die Nähe der Zwangsneurose gerückt und »Fähigkeit zur Sublimierung« und »Neigung zur Triebverdrängung« werden zu psychoanalytisch nicht weiter aufklärbaren Faktoren erklärt, da sie auf die »organischen Grundlagen des Charakters« zurückführen (Freud, 1910, S. 157).[64]

So wird am Ende von Freuds theoretischen Bemühungen Leonardos »künstlerische Begabung« zu einem Thema, das der Psychoanalyse »unzugänglich« ist: »Da die künstlerische Begabung eng mit der Sublimierung zusammenhängt, müssen wir zugestehen, daß auch das Wesen der künstlerischen Leistung uns psychoanalytisch unzugänglich ist.« (Ebd.) Es erscheint geradezu paradox: Einerseits werden hemmende wie auch *fördernde* Aspekte für Leonardos Kreativität aufgezeigt, andererseits wird die Möglichkeit eines analytischen Zugriffs darauf mit dem Hinweis auf die »organischen Grundlagen des Charakters« ausgeschlossen. Die Spur, die uns zu Leonardos künstlerischer Begabung bzw. Kreativität führen könnte, verliert sich im Niemandsland.

Auch wenn Sublimierungsfähigkeit und Verdrängungsneigung »letztlich« in den »organischen Grundlagen des Charakters« begründet wären, so schlösse dies nicht aus, oberhalb dieser organischen Grundlage empirisch Zusammenhänge zum Verständnis dieser Phänomene zu untersuchen. Gemäß der Freudschen Theorie besitzen alle psychopathologischen Phänomene auch eine konstitutionelle bzw. organische Basis, ohne daß Freud in ähnlicher Weise insgesamt deren analytische Unzugänglichkeit reklamieren würde. Freuds These, die künstlerische Begabung sei der Psychoanalyse »unzugänglich«, läßt sich mit der Behauptung vergleichen, daß uns die Neurose »psychoanalytisch unzugänglich« sei.

In den *Vorlesungen zur Einführung in die Psychoanalyse* (1917) greift Freud den Zusammenhang zwischen »künstlerischer Leistung« und Sublimierung später wieder auf, ebenfalls mit dem Hinweis auf die konstitutionelle Dimension der Sublimierung. Hier findet sich, neben dem Leonardo-Text und dem Aufsatz *Der Dichter und das Phantasieren* (1908), Freuds ausführlichste Stellungnahme zur Triebdynamik des Künstlers:

---

[64] Es ist nicht ganz klar, was Freud bei »organischen Grundlagen« im Sinn hat. Meint er einen »heriditären« (also erblichen) Faktor? Dies wäre angesichts der zentralen Bedeutung dieser Bemerkung erstaunlich, da Freud ja seit Jahren bemüht war, gegen die Überbewertung dieses Faktors in der Psychiatrie seiner Zeit zu opponieren. »In seinen 1905 erschienen *Drei Abhandlungen zur Sexualtheorie* war er soweit, daß er seine Kollegen von der Psychiatrie dafür kritisieren konnte, daß sie der Vererbung viel zu viel Bedeutung beilegten.« (Gay, 1989, S. 144)

Der Künstler ist im Ansatz auch ein Introvertierter, der es nicht weit zur Neurose hat. Er wird von überstarken Triebbedürfnissen gedrängt, möchte Ehre, Macht, Reichtum und die Liebe der Frauen erwerben; es fehlen ihm aber die Mittel, um diese Befriedigung zu erreichen. Darum wendet er sich wie ein anderer Unbefriedigter von der Wirklichkeit ab und überträgt all sein Interesse, auch seine Libido, auf die Wunschbildungen seines Phantasielebens, von denen aus der Weg zur Neurose führen könnte. ... Es ist ja bekannt, wie häufig gerade Künstler an einer partiellen Hemmung ihrer Leistungsfähigkeit durch Neurosen leiden. Wahrscheinlich enthält ihre Konstitution eine starke Fähigkeit zur Sublimierung und eine gewisse Lockerheit der den Konflikt entscheidenden Verdrängungen. (Freud, 1917, S. 366)[65]

Der Künstler, so fährt Freud fort, weiß »an diese Darstellung seiner unbewußten Phantasie so viel Lustgewinn zu knüpfen, daß durch sie die Verdrängungen wenigstens zeitweilig überwogen und aufgehoben werden« (ebd.). Ich werde auf den letzten Teil dieser Formulierung Freuds, auf das Problem der »Darstellung«, noch einmal zurückkommen.

In *Der Dichter und das Phantasieren* (1908) spricht Freud zwar nicht explizit von Sublimierung, inhaltlich ist seine Argumentation jedoch weitgehend ähnlich. Der Dichter schafft das Kunstwerk, indem er seine Tagträume modifiziert und künstlerisch gestaltet:

Der Dichter mildert den Charakter des egoistischen Tagtraums durch Abänderungen und Verhüllungen und besticht uns durch rein formalen, d.h. ästhetischen Lustgewinn, den er uns in der Darstellung seiner Phantasien bietet. (Freud, 1908, S. 179)

Auch hier ist, mehr noch als in den *Vorlesungen*, der Hinweis auf die »Darstellung« zentral. In seiner *Selbstdarstellung* (1925) schließlich bringt

---

[65] In solchen Passagen und starken bzw. apodiktischen Behauptungen (wie etwa, daß sich der Künstler wie der Neurotiker von der Wirklichkeit abwende), zeigt sich die Kehrseite von Freuds ambivalenter Bewunderung des Künstlers: eine kaum noch subtil zu nennende Entwertung, wie wir sie auch in seiner Leonardo-Studie fanden. Freud war der Überzeugung, daß die Kunst »fast immer wohltätig und harmlos [ist], sie will nichts anderes sein als Illusion« (1933, S. 588). Eine eigenständige Erkenntnisfunktion rechnete er ihr nicht zu. Wirth (2001, S. 20) zitiert aus einem Brief Freuds an seine Braut Martha, in dem Freud von der »generelle[n] Feindschaft zwischen dem Künstler u. uns Arbeitern der Wissenschaft« spricht. Anschließend schreibt Wirth: »In Freuds Augen ist der Künstler ein leichtlebiger Geselle, dem ohne eigene Anstrengung, nämlich durch Intuition, sowohl die Erkenntnisse als auch die Frauenherzen zufliegen, um die der ernsthafte, bodenständige und der Realität zugewandte Wissenschaftler im Schweiße seines Angesichts tagtäglich ringen muß.« (Ebd.)

Freud seine Vorstellung vom Künstler auf die knappste Formel: »Seine Schöpfungen waren Phantasiebefriedigungen unbewußter Wünsche, ganz wie die Träume ...« (1925, S. 90)

Da ich auf diese Texte und die damit verbundenen weiteren Überlegungen Freuds noch zurückkommen werde, möchte ich hier nur anmerken, daß an der zitierten Passage aus den *Vorlesungen* bei genauerer Betrachtung eigentlich fast alles unklar ist. Da die von Freud genannten Motive des Künstlers genau genommen nicht mehr unbewußt sind (wie in *Der Dichter und das Phantasieren* spricht Freud von den Tagträumen des Künstlers), muß man sich fragen, was »Sublimierung« dort eigentlich bedeutet. Will Freud sagen, daß sich hinter den Tagträumen noch weitere, unbewußte Wünsche verbergen? Oder will Freud andeuten, daß »Sublimierung« sich nicht auf die Inhalte der Wünsche, sondern auf die Gestaltung des Werkes bezieht? Weiterhin: wie gelangt Freud zu seiner Unterstellung tagträumerischer Motive des Künstlers? Und könnte man nicht mit demselben Recht annehmen, daß der Künstler sich die »Liebe« eines *sachkundigen* Publikums (und nicht nur dessen Geld oder die Liebe des weiblichen Teils dieses Publikums) wünscht, daß der Künstler die Welt verändern möchte oder daß er an sich selbst oder an einem Trauma leidet? Hier werden Anzeichen einer tiefen Skepsis Freuds gegenüber Kunst und Künstlern sichtbar, die nur gemildert wird durch Freuds Respekt vor dem »numinosum« der künstlerischen *Gestaltung*, jenem »rätselhafte[n] Vermögen« des Künstlers (1917, S. 366). Sie provozierte Jung, kaum daß er Freud kennengelernt hatte, zu der Bemerkung: »Wo immer bei einem Menschen oder in einem Kunstwerk der Ausdruck seiner Geistigkeit zutage trat, verdächtigte er sie und ließ ›verdrängte Sexualität‹ durchblikken.« (Jung, 2001, S. 154)

Es wird deutlich: Freuds theoretische Probleme mit Leonardos künstlerischer Begabung oder Kreativität sind, theoriearchitektonisch betrachtet, gewissermaßen hausgemacht. Hätte Freud nicht – gegen jegliche empirische Evidenz – darauf bestanden, daß Leonardo »gehemmt« ist, hätte er sich nicht darauf festgelegt, künstlerische Kreativität triebtheoretisch verengt mit dem Konzept der Sublimierung zu verschweißen, um dann schließlich die Fähigkeit zur Sublimierung als eine letztlich konstitutionelle Größe zu deklarieren, womit Kreativität psychoanalytisch »unzugänglich« wird, hätte er schließlich zwischen künstlerischer Kreativität und Genie unterschieden, dann hätte ihm möglicherweise deutlich werden können, daß hinter dem Paravent einer »gehemmten« Kreativität der Umriß eines komplexeren Konzepts »positiver« Kreativität aufzeigbar gewesen wäre. Ansatzpunkte dazu hatte er, etwa in den Lehrern und Mäzenen Leonardos, die Freud vermutlich zurecht als »Vaterfiguren« sieht. Sie hätten nicht nur unter dem Aspekt der »Regression«, sondern auch für die Progression, für die Entfaltung von Leonardos Kreativität Bedeutung bekommen können. Freud hätte damit »Kreativität« nicht so apodiktisch aus dem Zuständigkeitsbereich der Psychoanalyse verbannen müssen und hätte sich mit deren Entstehungs-, genauer Entwicklungsbedingungen beschäftigen können. Zweifellos eine gewaltige Aufgabe in einer Zeit, in der die Psychoanalyse noch vorwiegend triebtheoretisch orientiert, die Ich-Psychologie bestenfalls in den Anfängen und die Psychoanalyse noch nicht zur »Wissenschaft vom Menschen« (Cremerius, 1995, S. 140) entwickelt worden war.

Um mein Argument an einem einfachen Beispiel zu verdeutlichen: Freud hätte sich in einem veränderten, gleichwohl psychoanalytischen Koordinatensystem fragen können, was es für die Entwicklung von Leonardos Kreativität bedeutete, daß er von seinem Vater zu dessen Freund Andrea del Verrocchio in die Malerlehre gegeben wurde und daß er von diesem seinem Lehrer, der eine der damals angesehensten Kunstwerkstätten betrieb, nicht nur gefördert, sondern auch *anerkannt* wurde: Eine der ersten Arbeiten des jungen Leonardo war die Darstellung des Engels auf der linken Seite von Verrocchios *Taufe Christi*, und es ist überliefert, welch tiefen Eindruck diese Arbeit auf Verrocchio hinterließ. Als außerehelicher Sohn konnte Leonardo zur damaligen Zeit nicht den Beruf seines Vaters erlernen, doch als ehelicher Sohn wäre er vermutlich wie sein Vater Notar geworden: Es ist kaum vorzustellen, welche Wege Leonardos »Kreativität« dann gefunden hätte. Ich möchte damit einen ersten Hinweis darauf geben, aus welcher Perspektive ich das Problem der Kreativität untersuchen möchte: Kreativität gilt es nicht per se zu erklären, da sie, wie Winnicott (1973) ausführt, in unterschiedlichen Ausprägungen ubiquitär ist, sondern vielmehr hinsichtlich ihrer *Entfaltungsmöglichkeiten*.

Um Freuds Auffassung von Kunst und Künstlern zu verstehen, ist es allerdings auch wichtig, ein noch immer weit verbreitetes – und vor dem Hintergrund seines Sublimierungskonzepts verständliches – Vorurteil auszuräumen. Es lautet, Freud habe die Bedeutung des Formalen, der Darstellung in der Kunst, nicht gewürdigt. »Freuds auf Inhaltliches gerichtetem Interesse … mußte die Bedeutung des Formalen, die sich eben nicht nur in der ästhetischen Wirkung als ›verschleiernder Verpackung‹ erschöpft, fremd bleiben.« (Kraft 1984a, S. 22)[66] Freuds Position war meines Erachtens eindeutig: Kunst wird nicht durch ihre Inhalte, sondern durch ihre *Form* Kunst. So spricht er, wie bereits erwähnt, von dem »rätselhafte[n] Vermögen« des Künstlers, seine Tagträume so zu bearbeiten, daß sie für uns »mitgenießbar« werden (1917, S. 366). Es bleibe das »Geheimnis« des Dichters, wie er seine Tagträume zur Kunst formt: »... in der Technik der Überwindung jener Abstoßung, die gewiß mit den Schranken zu tun hat, welche sich zwischen jedem einzelnen Ich und den anderen erheben, liegt die eigentliche *Ars Poetica*.« (Freud, 1908, S. 179)

Freud deutet im Zusammenhang dieser »Ars Poetica« einen Gedanken an (ich hatte ihn oben bereits zitiert), der geeignet ist, ein triebtheoretisches Verständnis von Kunst und Kreativität zu konterkarieren. Zumindest »uns«, die Rezipienten, »besticht« der Künstler durch einen »rein formalen, d.h. ästhetischen Lustgewinn« (ebd.), also durch die *Gestaltung*, nicht durch den Inhalt. Wenn dies für Rezipienten möglich ist, könnte es im Prinzip auch für den Künstler selbst zutreffen: Der Künstler würde dann seinen »Lustgewinn«, ähnlich wie der Rezipient, nicht aus wie immer sublimierten Inhalten, sondern aus der Art, wie diese *gestaltet* sind, beziehen. Ich werde auch auf diese Überlegung zurückkommen.

Dennoch: Freud spricht vorwiegend von Inhalten, kaum von Form oder Gestaltung (eine gewichtige Ausnahme ist seine Arbeit *Der Moses des Michelangelo*, in der es jedoch nicht um die Bedingungen künstlerischer Kreativität geht; vgl. Freud, 1914a). Sieht man also davon ab, daß Freud in seinem Urteil über Kunst die Differenzierung von Form und Inhalt grundsätzlich zumindest respektiert, dann ist es zutreffend, wie Noy (1984, S. 181) betont, daß Freud über alles Mögliche spricht, über »Psy-

---

[66] Anders Noy (1984), der nicht nur Freud, sondern generell der Psychoanalyse zugute hält, daß sie zumindest implizit das für die Kunst vorrangige Problem der Form erkannt habe: »Die Psychoanalyse hat in der Auseinandersetzung Inhalt *versus* Form zwar niemals einen klaren Standpunkt vertreten, doch scheint sie implizit dem Ansatz jener zu folgen, die die Form als das entscheidende Element zur Bestimmung des ästhetischen Wertes von Kunst ansehen. Freuds wichtigster Beitrag zum Thema Kunst bestand darin, zu zeigen, daß die Analyse jedes Kunstwerks stets eine latente Bedeutung sichtbar werden läßt, welche auf die allen Menschen gemeinsamen Grundmotive und -konflikte zurückzuführen ist: den ödipalen Konflikt, homosexuelle Probleme etc. ... Entsprechend diesem Ansatz ist jede Kunst lediglich sublimierter Ausdruck derselben begrenzten Zahl grundlegender menschlicher Themen ... Deshalb liegt nichts Kreatives im Inhalt, sondern allein in der Form, in der unendlichen Vielfalt, mit der diese ewig wiederkehrenden Themen bearbeitet werden.« (Noy 1984, S. 182f.)

chosexualität«, »Vatertötung« oder, wie wir hinzufügen können, über Triebe und Triebschicksale, Sublimierung, Verdrängung, Regression und vieles mehr, aber nicht über *Kunst* – zumindest nicht, wenn wir Kunst über ihre spezifische Form definieren.

Zugleich hat Freud in seinem Leonardo-Essay noch auf einem weiteren Terrain gearbeitet, auf dem Formprobleme zumindest berührt werden. Er hat, wie wir gesehen haben, nämlich versucht, einzelne Bildmotive Leonardos aus psychoanalytischer – weniger überzeugend, wie Schapiro (1956) gezeigt hat, aus kunsthistorischer – Perspektive ikonographisch und ikonologisch zu entschlüsseln (vgl. hierzu Imdahl, 1988). Daß Leonardo in seiner *Anna Selbdritt* zwei fast gleichaltrige Frauen mit Jesuskind dargestellt hat, kann durchaus damit zu tun haben, daß er nicht nur eine Mutter und eine Großmutter, sondern quasi zwei Mütter hatte. Auch die Androgynität des *Bacchus* und des *Heiligen Johannes* hat Freud versucht psychoanalytisch zu entschlüsseln, indem er sie als Phantasien der »Vereinigung« mit der ödipalen Mutter interpretierte. Jedenfalls sind Freuds Überlegungen nicht *a priori* als abwegig abzutun. Nagera hat dieses Verfahren überzeugend am Beispiel zweier von van Gogh gemalter Stühle angewandt. Nagera kann anhand von Indizien zeigen, daß es sich um die Stühle von Gauguin und von van Gogh selbst handelt, in denen zugleich Todeswünsche gegen Gauguin, den Vater van Goghs und schließlich gegen sich selbst zum Ausdruck gelangen (Nagera, 1984, S. 290f.).

Vergleichbar sind Versuche anderer psychoanalytischer Autoren, bestimmte Themen eines Schriftstellers im Kontext lebensgeschichtlicher Konstellationen zu verstehen. So hat zum Beispiel Cremerius gezeigt, daß Hermann Hesse unter einer schweren narzißtischen Störung litt, die man heute vielleicht als »ecclesiogene Neurose« bezeichnen könnte. Die rigiden Spaltungen in Gut und Böse, die er in seinem pietistischen Calwer Elternhaus erfuhr, tauchen fast überall in seinem Werk wieder auf (vgl. Cremerius, 1995, S. 128f.). Frijling-Schrader geht in seiner Balzac-Interpretation ähnlich vor:

Zwei Phantasien geben seiner [Balzacs; M. C.] psychologischen Welt Farbe. Einmal sein Traum von der absoluten Liebe ... zum anderen sind seine Romane mit triebbeherrschten Charakteren bevölkert ... Es ist, als müsse er sowohl seinen unstillbaren Hunger nach Liebe als auch seinen unersättlichen Egoismus projizieren. So sieht ein vernachlässigtes Kind die Welt; gerade wegen seines unstillbaren Hungers nach Liebe kann es nicht an die Existenz wirklicher Objekt-Liebe glauben. (Frijling-Schrader, 1982, S. 80)

Ich gehe auf diese Beispiele deshalb etwas ausführlicher ein, weil ich der Ansicht bin, daß die Psychoanalyse – allerdings jenseits der trivialen Sublimierungsthese – gerade auch aus biographischer Perspektive etwas zum Verständnis von Kunstwerken beitragen kann.

Gleichwohl geht es Freud in seinem Leonardo-Essay in erster Linie um die triebdynamischen Determinanten »künstlerischer Begabung«, ex negativo freilich, aus der Perspektive ihrer Hemmung. Die Bedeutung dieser Arbeit liegt jedoch darin, daß Freud *implizit* sein Sublimierungskonzept zugunsten eines weitaus komplexeren triebdynamischen Modells von Kreativität überschreitet. Die Ambiguitäten und Verschränkungen von Sublimierung und Verdrängung hat Freud gerade im Leonardo-Essay nachdrücklich herausgearbeitet. Sublimierung kommt dort, um es noch einmal zu betonen, stellenweise der Verdrängung nahe, und Verdrängung der mütterlichen Repräsentanzen ist für Freud zugleich ein Agens von Leonardos Bildgestaltungen, sei es der mütterlichen Figuren selbst, sei es der androgynen Jünglinge. Damit zeigt bereits die Leonardo-Studie, daß das Sublimierungskonzept als Erklärungsansatz künstlerischer Kreativität nicht zu retten ist: Verdrängung, Identifizierung oder Regression sind wesentliche Züge der Persönlichkeit des Künstlers Leonardo, und die Überlegung, daß Leonardo ohne Verdrängung möglicherweise ein noch größerer Künstler geworden wäre, führt ins Leere.[67] Wie bei allen bedeutenden theoretischen Entwürfen läßt sich auch für Freuds Leonardo-Studie zei-

---

[67] Dagegen vertritt Kubie (1982, S. 20) die Vorstellung, daß das »Unbewußte«, sei es verdrängt unbewußt oder noch nie bewußt gewesen, verantwortlich ist für das Klischeehafte und Stereotype, für den Wiederholungszwang im Kunstwerk: »Dafür könnte man zahllose Beispiele aus allen Bereichen der Kunst bringen, aus dem Schaffen von Malern, Dramatikern, Dichtern, Tänzern und Komponisten. In der Malerei kann sich dieses Stereotyp jahrelang in den Werken weltbekannter Meister offenbaren: Sie machen eine Zeit innerer geistiger Verkrampfung durch und beginnen dann eine neue ›Periode‹, in der vielleicht eine neue Farbe, ein neuer Vorwurf, eine neue Technik der Farbe, der Konturen oder der verzerrten Proportionen die Oberhand gewinnt; doch enthüllt jede dieser Neuerungen bald die gleiche Erstarrung ... Dies wird jedem klar, der eine kunstgeschichtliche Arbeit über Picasso gelesen hat.« (Ebd.) Begriffe wie Verkrampfung oder Erstarrung, aber auch der Hinweis auf Picasso lassen das (unexplizierte) ästhetisch-normative Kunstverständnis von Kubie deutlich werden. Seine These von der »Erstarrung« der Kunst durch den Einfluß unbewußter Kräfte halte ich bestenfalls für eine nicht belegte Behauptung. Im übrigen weist Kubie an einer anderen Stelle selbst darauf hin, »daß es uns noch an Methoden fehlt, um auch nur annähernd die jeweiligen Einflüsse der drei Wahrnehmungs- und Symbolsysteme [bewußt, vorbewußt und unbewußt; M. C.] abzuschätzen, die gleichzeitig an den Schöpfungen der gesunden und kranken Phantasie beteiligt sind.« (1982, S. 43)

gen: Ein Teil ihrer Bedeutung liegt darin, *daß sie die Intentionen ihres Autors überschreitet*, daß in verzerrter oder impliziter Form theoretische Erkenntnisse vermittelt werden, *die den manifesten Text transzendieren.*

Um es salopp zu formulieren: In Bezug auf Kunst, Künstler und Kreativität hat Freud mit dem Sublimierungskonzept auf der falschen Baustelle gearbeitet. Im Leonardo-Essay hat Freud im Prinzip immer noch auf der falschen Baustelle gearbeitet, ist dabei aber auf so viel neues Material gestoßen, daß er einen anderen Bau hätte errichten können. Die Ursprünge künstlerischer Kreativität (und umgekehrt: ihre Hemmungen) sind weit komplexerer Natur, als das Sublimierungskonzept nahelegt, und der Leonardo-Text ermöglicht zumindest eine Ahnung dieser Komplexität. Der *expliziten* Logik seines Textes entsprechend, mußte Freud jedoch – konsequenterweise – das Problem der künstlerischen Kreativität letztlich als unlösbar, als psychoanalytisch »unzugänglich« deklarieren.

Von der Sublimierung zur Kreativität – jenseits der Triebtheorie

Zu sagen, der Künstler schaffe seine Kunst mit Hilfe von Sublimierung, ist entweder eine Trivialität oder – zumindest in dieser Allgemeinheit – falsch. Jedes Kunstwerk beinhaltet eine gewisse Distanz zu trieb- oder konflikthaften Konstellationen, ihre »Neutralisierung« und damit eine Art Sublimierung. Ob es sich bei den damit verbundenen affektiven Antriebskräften jedoch um die Sublimierung von Trieben *oder* beispielsweise um das Durcharbeiten einer depressiven Position und die Wiederherstellung des potentiell zerstörten Objekts *oder* um ein Trauma handelt, genereller: welche Motive, sublimiert oder nicht, den Künstler überhaupt bewegen, ist (a) eine empirische Frage und (b) eine noch immer heiß umstrittene theoretische Frage, die abhängig ist von dem jeweiligen theoretischen Verständnis von Psychoanalyse.

Entgegen der These von Kubie (1982), daß das Vorbewußte die psychische Instanz für künstlerische Kreativität sei, möchte ich betonen, daß wir noch nicht viel darüber wissen, welche Bedeutung unbewußte, vorbewußte und bewußte Aspekte für Kunst und Kreativität besitzen und wie ihr Verhältnis zueinander aussieht. Wahrscheinlich sind wir gut beraten, wenn wir uns an die oben zitierte Annahme Mitscherlichs halten, daß dabei Prozesse in allen drei psychischen Instanzen eine Rolle spielen (Mitscherlich, 1982, S. 7f.) – und daß Kreativität in besonderem Maße *auch eine Ich-Leistung* ist: »Die Analyse vieler schöpferischer Persönlichkeiten hat uns im Lauf der Jahre Aufschluß über das Schicksal der Ich-Leistung ›Kreativität‹ in weniger extremen Fällen gebracht.« (S. 8)

Gleichwohl können wir den Begriff der Sublimierung noch einmal aufgreifen, weil uns gerade die Ambiguität dieses Begriff beim Verständnis künstlerischer Kreativität möglicherweise weiterführt. Sublimierung von Tagträumen bzw. von unbewußten Wünschen ist, wie wir gesehen haben, für Freud gewissermaßen der Motor künstlerischen Schaffens. Ist mit dieser – zumindest explizit – auf psychische *Inhalte* bezogenen Sicht von »Sublimierung« deren Bedeutung erschöpft? Ich möchte die Auffassung vertreten, daß »Sublimierung« sich sowohl auf *Inhalte als auch auf die Form* bezieht. Sublimierung als *Formkategorie* bedeutet, daß der Künstler, welche Konflikte er auch haben mag und was von diesen Konflikten inhaltlich in das Kunstwerk eingehen mag, noch genügend psychische Energie und Handlungsspielraum »erübrigt« (um eine Formulierung Freuds aufzugreifen), um das Problem der Form in Angriff zu nehmen. Dies bedeutet, daß hier eine Form psychischer Energie ins Spiel kommt, die nicht auf die Sublimierung von Inhalten beschränkt ist.

Noy hat dieses Problem aus der Perspektive von Kunst und Neurose als einem »antipodischen« Verhältnis thematisiert:

> Die Neurose ist durch Redundanz und Wiederholung gekennzeichnet, durch die Neigung, die Situation »einzufrieren« und Veränderungen zu widerstehen. Hingegen ist die Kreativität durch niemals endende Versuche gekennzeichnet, ihre Formen zu erneuern und zu reorganisieren, ständig nach neuen Lösungen für alte Probleme zu suchen. Die Neurose ist eine regressive Lösung ... während die Kreativität eine progressive Lösung ist, ein Versuch, neue, kühne Anpassungsmuster zu schaffen, die nie zuvor erprobt wurden. (Noy, 1984, S. 202)

Die entscheidende Frage ist freilich, um welche Art psychischer Energie es sich dabei handelt. Woher holt der Künstler diese Kraft »progressiven« Verhaltens, woher die Ausdauer zur immerwährenden Suche nach neuen Formen? Hat er einfach Glück gehabt und kann sie gewissermaßen von seinen Konflikten »abzweigen«? Die Frage nach der »psychischen Energie« künstlerischer *Gestaltung* muß zunächst ein Stück weit unabhängig von den weitergehenden Fragen betrachtet werden, ob es sich dabei um libidinöse oder aggressive Energie oder möglicherweise um Energie aus anderen Quellen handelt und in welchem Maße diese Energie »neutralisiert« ist. Um das beispielhaft und vielleicht etwas platt zu verdeutlichen: Auch eine gemeinhin als pornographisch angesehene Darstellung (etwa innerhalb eines Textes oder eines Bildes) ist letztlich mehr als nur sexuelles oder aggressives Verlangen, Voyeurismus, Perversion oder was auch immer, sondern eben *dargestellter* Ausdruck, eine Ausdrucksgestalt. Möglicherweise hat es auch weder mit dem einen noch mit dem anderen zu tun, und es geht schlicht und einfach um *cash*, um lukrative Vermarktung. Aber auch der *cash-nexus* kann erhebliche »psychische Energie« mobilisieren. Die Frage lautet also: Gibt es psychische Energie, die, wie immer sie mit den oben genannten Motiven in Verbindung steht, speziell auf die *Darstellung* von Inhalten gerichtet ist?

Ich möchte zur Beantwortung dieser Frage zunächst auf Freuds bereits erwähnte Formulierung über den »Lustgewinn« des Künstlers zurückgreifen. Freud schreibt in den *Vorlesungen zur Einführung in die Psychoanalyse* (1917) über den Künstler, er besitze, neben seiner besonderen Fähigkeit zur Sublimierung

> … das rätselhafte Vermögen, ein bestimmtes Material zu formen, bis es zum getreuen Ebenbild seiner Phantasievorstellungen geworden ist, und dann weiß er an diese Darstellung seiner unbewußten Phantasie so viel Lustgewinn zu knüpfen, daß durch sie die Verdrängungen wenigsten zeitweilig überwogen und aufgehoben werden. (S. 366)

Eine analoge Überlegung für die Rezipienten des Kunstwerks fanden wir in *Der Dichter und das Phantasieren*. Das Kunstwerk, so Freud, besticht uns durch »rein formalen, d.h. ästhetischen Lustgewinn« (1908, S. 179).

Sofern man nicht an einer trivialen psychologischen »Abbildtheorie« festhält (die Abbildung des »röhrenden Hirsches« gewissermaßen auf die Psyche übertragen: die inhaltliche Abbildung der Wünsche bringt dem Künstler Lustgewinn), dann ist der entscheidende Punkt *Freuds Hinweis auf die »Darstellung«*. Man kann »Darstellung« auf die Darstellung eines bestimmten Inhalts beziehen, aber auch auf die *Art* der Darstellung, das heißt auf ihre ästhetische Qualität. Damit stoßen wir auf eine zentrale *ästhetische* Dimension, die den Rahmen einer trivialen triebtheoretischen Auffassung sprengt. Eine *ästhetisch gelungene* Darstellung würde somit – über einen möglichen »Lustgewinn« am Inhalt der Darstellung hinaus – *eine Befriedigung, einen Lustgewinn sui generis erzeugen,* zunächst für den Künstler selbst, jedoch auf jeweils eigene Weise auch für die Rezipienten. Beide, Künstler und Rezipienten, würden auf diese Weise *zu ei-*

nem »rein formalen, d.h. ästhetischen Lustgewinn« gelangen. Die Voraussetzung dafür wäre somit etwas, was ich *ästhetische Sublimierung* nennen möchte.

Aus psychoanalytischer Sicht wurde schon früh, implizit auch von Freud selbst, von »Funktionslust« oder »funktionaler Lust« gesprochen.

Es scheint nützlich zu sein, außerdem über die Möglichkeit nachzudenken, daß die Lösung von Problemen – auf allen Gebieten der Kreativität – durch die Abfuhr neutraler Energie im Verfolg schöpferischen Denkens Lust bereitet. Diese Überlegung ist weder für die Psychoanalyse noch sonst für die Psychologie neu. Man spricht dabei häufig von funktionaler Lust. Als sich Freud noch stark für die Erforschung der Psychologie des Denkens interessierte, stellte er – in *Der Witz und seine Beziehung zum Unbewußten* – fest: »Wenn wir unseren seelischen Apparat gerade nicht zur Erfüllung einer der unentbehrlichen Befriedigungen brauchen, lassen wir ihn selbst auf Lust arbeiten, *suchen wir Lust aus seiner eigenen Tätigkeit zu ziehen.*« Es kann kaum Zweifel bestehen, daß die Tätigkeit, auf die Freud sich bezieht, vorab die Abfuhr von neutralisierten Energiemengen ist. *Eine Ausarbeitung dieser Theorie könnte uns wohl zu einem besseren Verständnis ästhetischer Erfahrung verhelfen.* (Kris, 1977, S. 190f.; Herv. M. C.)

Dem kann ich nur mit Nachdruck zustimmen, und ich möchte diesen Weg noch einige Schritte weitergehen. Zu fragen ist allerdings, warum Kris diesen Gedanken nicht selbst weiterverfolgt und schließlich wieder eine Variante der Freudschen Triebtheorie entwickelt (»Ich-Regression bei Schaffensvorgängen«; S. 187). Auch Freud hat meines Wissens den Gedanken eines funktionalen oder ästhetischen Lustgewinns nirgendwo systematisch in seine Überlegungen zu Künstlern und Kunst einbezogen. Es bleibt bei den beiden erwähnten Hinweisen. Andererseits muß man sich bei Kris' überzeugenden Überlegungen zur Funktionslust fragen, ob man wirklich so selbstverständlich von »neutralisierten Energiemengen« sprechen kann. Ich hatte eben von Sublimierung gesprochen, die sich auf die *Form* richtet, von *ästhetischer Sublimierung.* Ästhetische Sublimierung bedeutet meines Erachtens jedoch nicht, daß diese losgelöst von jeglichem Inhalt entsteht. Ich hatte bereits im Rahmen meiner Kritik an Freuds Leonardo-Text Bedenken gegenüber der angeblich vollständig entsexualisierten Sublimierung von Leonardos frühkindlichen Partialtrieben geäußert. Zur Erinnerung: Freud hatte postuliert, die Sublimierung sei so radikal erfolgt, daß Leonardo später eine »Beschäftigung mit sexuellen Themen« vermieden habe (1910, S. 107). Ich verwies darauf, daß zum einen diese Behauptung, beim heutigen Stand der Forschung, nicht mehr aufrechterhalten werden kann (spektakulär ist hier die Entdeckung der Zeichnung *Angel in the Flesh*) und daß zum anderen damit auf unklare Weise Sublimierung und Verdrängung miteinander vermischt werden.

Ich möchte somit die These formulieren, daß es für den Künstler eine Motivation eigener Art gibt, einen *ästhetischen Lustgewinn*, der das Ergebnis *ästhetischer Sublimierung* ist, einer Sublimierung, in die (1) die unterschiedlichsten Triebe, Triebkonstellationen und Konflikte bzw. unbewußte, vorbewußte und bewußte *Inhalte* eingehen können; bei der (2) *Form und Inhalt aufeinanderbezogen* sind und bei der (3) ein spezifisch ästhetischer Lustgewinn aus der *gelungenen Form* resultiert.[68] Der Künstler entwickelt gewissermaßen eine *ästhetische Leidenschaft*, die eine spezifische Form der Sublimierung und einen spezifisch ästhetischen Lustgewinn umfaßt. Da ich von der ästhetischen Sublimierung auch *bewußter* Inhalte spreche, verwende ich den Begriff »Sublimierung« anders als sonst in der Psychoanalyse üblich. Aber dies hat auch Freud getan, wenn er dem Künstler die Sublimierung von Tagträumen unterstellt. Ästhetische Leidenschaft kann durch die unterschiedlichsten Formen neurotischer Konflikte beeinflußt sein, per se ist sie jedoch eine spezifische, nicht neurotische Motivationsstruktur, die ich in Anlehnung an Winnicott als besondere Form eines kreativen Verhältnisses zur Welt bezeichnen möchte.

Segal hat eine Überlegung entwickelt, die ebenfalls in diese Richtung zielt, wenn sie vom »ästhetischen Gefühl« spricht, das sich an der »signifikanten Form« entwickle (vgl. Segal, 1961, S. 111ff.).[69] Unter der »signifikanten Form« verstehe ich ebenfalls eine ästhetisch gelungene Verbindung von Form und Inhalt. Das »ästhetische Gefühl« würde dann meines Erachtens im wesentlichen dem Freudschen »ästhetischen Lustgewinn« seitens des Rezipienten entsprechen.

Auch Winnicott hat im Rahmen seiner Theorie des Übergangsobjekts und der sich in diesem Zusammenhang entfaltenden *primären Kreativität*

---

[68] Man könnte, mit Noy (1984), an dieser Stelle noch zwischen »guter« und »vollkommener« Form und ihrer psychischen Bedeutung für den Künstler sprechen. Die differenzierte Untersuchung dieses Problems würde an dieser Stelle jedoch zu weit führen.

[69] Es wird meines Erachtens nicht ganz deutlich, was Segal unter dem »ästhetischen Gefühl« versteht. Gleichwohl halte ich zumindest die Unterscheidung von einem »begleitenden Gefühl«, das sich *am Inhalt* des Kunstwerks orientiert, gegenüber einem *auf die Form* bezogenen »ästhetischen Gefühl« für überzeugend (ebd.).

ähnliche Gedanken entwickelt. Mit der kreativen Erschaffung eines Übergangsobjekts gelange das Kind »von der (magischen) Kontrolle durch Allmachtsphantasien zu einer Kontrolle durch Handhabung, an der Muskelerotismus und die Lust an der Koordination beteiligt sind« (Winnicott, 1973, S. 19). »Lust an der Koordination« ist zwar eine Lust sui generis und nicht, zumindest nicht unmittelbar, triebdynamisch ableitbar. Inhaltlich ist sie jedoch in den früheren *Allmachtsphantasien* verwurzelt, *an deren Stelle* nunmehr *Koordination* tritt. Auch hier haben wir ein ähnliches Verhältnis bzw. Ergebnis wie bei der ästhetischen Sublimierung: Die »Lust« an der »Kontrolle« resultiert aus einer Verbindung von sublimierten Inhalten (wie Allmachtsphantasien und Bewältigung der Trennung von der Mutter) und koordinatorischen Fähigkeiten. Ich gehe in den folgenden Überlegungen davon aus, daß die ästhetische Sublimierung des Künstlers in unterschiedlichem Maße auch von diesem archaischen Erbe der Allmachtsphantasien geprägt ist, die in die Lust an der Kontrolle bzw. an der Meisterung des künstlerischen Materials transformiert werden. Leonardo selbst ist ein Kronzeuge für diese Behauptung: Seine Allmachtphantasien – wie sie beispielsweise in seiner Vorstellung von der Gottähnlichkeit des Malers zum Ausdruck gelangten – werden allenthalben deutlich.

Ausgehend von einer nochmaligen Reflexion bzw. einer Erweiterung des Sublimierungsbegriffs und der theoretischen Plausibilisierung eines spezifisch ästhetischen Lustgewinns, der aus der gelungenen künstlerischen Darstellung resultiert, sind wir ein Stück weit in der Entwicklung einer Theorie *künstlerischer Kreativität* vorangekommen. Aus dieser Perspektive unterscheidet sich der Künstler von den meisten anderen kreativ Tätigen, zum Beispiel von einem Wissenschaftler, dem es gelungen ist, eine befriedigende Lösung eines Problems zu erreichen – sofern nicht auch der Wissenschaftler auf die spezifische *Form* der Lösung Wert legt (etwa auf die Eleganz der Lösung oder die Schönheit der wissenschaftlichen Sprache). Denn dem Künstler ist es möglich, aus seiner Tätigkeit eine spezifisch *ästhetische* Lust oder Befriedigung zu gewinnen, die zugleich die vorrangige Motivation für seine Tätigkeit darstellt, eine Gratifikation sui generis.

Geradezu selbstverständlich ist, daß das Erreichen der gelungenen Form auch scheitern kann bzw. daß es zu einem qualvollen Ringen um die Form kommen kann. Eines der eindrucksvollsten Beispiele hierfür bietet Flaubert. Dies ändert meines Erachtens jedoch nichts an der fundamentalen

Tatsache, daß der Künstler Lust nicht in erster Linie durch wie immer sublimierte Triebbefriedigung, sondern durch ästhetisches Gelingen sucht. Und auch im qualvollen Ringen um die Form sucht der Künstler diese Befriedigung, diese Lust, die ihm die Verwirklichung der gelungenen Form gewähren kann.

Der Künstler, so kann man die bisherigen Überlegungen zusammenfassen, unterscheidet sich von anderen, aber auch von anderen kreativen Individuen dadurch, daß sich seine Arbeit und sein Ehrgeiz in besonderem Maße auf die Form richten und er daraus einen Lustgewinn bezieht. Der Lustgewinn dürfte um so höher sein, je komplexer seine ästhetische Kompetenz ist, wofür ein gewisses Maß an Anerkennung eine Rolle spielt. Das heißt, daß dieser Lustgewinn nicht vollständig ohne ein »Objekt« und dessen Anerkennung erzielbar ist. In vielen Fällen ist es für den Künstler ausreichend, wenn ein »Vertrauter« vorhanden ist, dessen Wertschätzung für den Künstler von Bedeutung ist. Als Beispiel könnte van Gogh und die Beziehung zu seinem Bruder Theo bzw. sein Kampf um die Anerkennung durch Gauguin genannt werden (vgl. Gedo, 1996, S. 84).[70]

Ästhetische Sublimierung, ästhetische Leidenschaft, ästhetischer Lustgewinn sowie die *interaktive Dimension der Anerkennung* sind somit die ersten hier entwickelten *Bausteine einer psychoanalytischen Theorie künstlerischer Kreativität.* Dies sind zwar nur erste theoretische Schritte, gleichwohl Schritte, die das psychoanalytische Verständnis von Kunst und Kreativität weg von der Fixierung auf Inhalte in die Richtung einer Beschäftigung mit ihrem eigentlichen Gegenstandsbereich, dem der *Kunst als Kunst*, bringen können. Im Anschluß vor allem an Freud, Kris und Winnicott versuche ich anhand dieser Begriffe, eine für künstlerische Kreativität spezifische Motivationsstruktur herauszuarbeiten. Sie bilden damit gewissermaßen ein theoretisches Gelenkstück zwischen lebensgeschichtlichen Motiven (die, wie ich betont habe, entsprechend der jeweiligen psychoanalytisch-theoretischen Orientierung unterschiedlich interpretiert werden) und dem künstlerischen Werk.

Damit ist freilich die Motivationsstruktur künstlerischen Schaffens nicht

---

[70] Picasso hat die Bedeutung von Anerkennung bzw. »Erfolg« für den Künstler betont: »Erfolg ist etwas sehr Wichtiges für den Künstler! Man hat oft gesagt, daß der Künstler für sich selbst, sozusagen ›aus Liebe zur Kunst‹ arbeitet. Das ist falsch. Ein Künstler braucht Erfolg. ... Die Blaue und die Rosa Periode waren die Paravents, hinter denen ich sicher war ... Im Schutze meines Erfolgs habe ich tun können, was ich wollte.« (Picasso, 1982, S. 30)

erschöpft. Künstler können von bestimmten Themen, Ideen oder formalen Innovationen fasziniert sein – oder möglicherweise in ihren Werken Rivalitäten austragen. So verweist Arieti (1976, S. 31ff.) auf Dante und Petrarca, die geradezu obsessiv einer Idee von Liebe (»mystical and transzendental«, S. 31) anhingen. Viele Künstler der klassischen Moderne hatten die Vision, eine neue, nicht gegenständliche und damit »autonome« Kunst zu schaffen. Und für Picassos Kreativität spielte die Rivalität (und die Freundschaft) mit Matisse gewiß keine geringe Rolle.

Zweifellos muß in dieser Richtung, auch aus psychoanalytischer Sicht, weiter nachgedacht werden. So könnte beispielsweise der Künstler, bewußt oder unbewußt, von der Motivation getragen sein, in den Objektivationen seiner selbst, das heißt in seinen Werken zu überleben. Das wäre der Wunsch des Künstlers nach *Unsterblichkeit*. Aus psychoanalytischer Sicht – und im Anschluß an Winnicott – ginge es somit um *Allmachtsvorstellungen*, die auf die Ebene des Kunstwerks transformiert wären. Sie könnten der Versuch sein, die Brüche und Konflikte im künstlerischen Subjekt und zugleich die Brüche zwischen diesem Subjekt und der Realität, die immer auch Desillusionierung und Verzicht bedeutet, im Kunstwerk zu überwinden. Von hieraus ließe sich der Bogen zur *ästhetischen Leidenschaft* schlagen. Auch bei ihr ginge es letztlich um den Wunsch, im Kunstwerk die Konflikte und Begrenzungen, schließlich auch die Endlichkeit des Subjekts, gleichsam mit einem magischen Objekt, das auf seine Weise »unversehrt« und also vollkommen sein muß, zu bannen, um die »Unversehrtheit« des Subjekts (Muensterberger, 1984, S. 102) wiederherzustellen.

Bruchstücke einer psychoanalytischen Theorie künstlerischer Kreativität

In den nunmehr folgenden Überlegungen zur künstlerischen Kreativität ist die Freudsche Fragestellung entscheidend verändert, wenn man so will, vom Kopf auf die Füße gestellt. Es wird nicht mehr um das »einsame« künstlerische Individuum gehen, das kraft Sublimierung seiner Triebe, Phantasien oder Tagträume ein Kunstwerk schafft, sondern um die empirisch zu untersuchende Frage, welche komplexen individuellen und sozialen Strukturen künstlerische Kreativität ermöglichen. Es wird gewissermaßen, um eine Formulierung von Geertz (1987) zu übernehmen, um »dichte Beschreibungen« des Phänomens künstlerischer Kreativität gehen.

Doch zunächst muß der hier immer wieder gleichsam selbstverständlich verwendete Begriff der Kreativität noch etwas genauer untersucht werden. Im Gegensatz zu anderen Disziplinen – etwa der Psychologie, Philosophie, Pädagogik oder Soziologie[71] – führte »Kreativität« in der Psychoanalyse lange Zeit ein Schattendasein. Erst in den sechziger, stärker noch in den siebziger Jahren des vergangenen Jahrhunderts begann eine intensivere Beschäftigung mit Kunst als Form bzw. mit Kreativität. Stellvertretend sollen hier AutorInnen wie Segal, Chasseguet-Smirgel, Winnicott, Kohut und Gedo genannt werden. In Deutschland waren es insbesondere Sammelbände, wie die von Kraft (1984b), Schneider (1999) oder Schlösser und Gerlach (2001) herausgegebenen, die ein Stück weit von der traditionell triebtheoretischen psychoanalytischen Auffassung wegführten.

Von den »Klassikern« psychoanalytischen Denkens hat meines Wissen nur Winnicott Kreativität zu einem zentralen Begriff seiner Theorie erhoben (auf sie werde ich später noch näher eingehen). Einer der Gründe für diese Situation war, daß Freud zu der Zeit, in der er sich zu Kunst und künstlerischem Schaffen äußerte, noch kein Konzept von »Kreativität« zur Verfügung stand. Mit der Theorie der Sublimierung mußte er sich gewissermaßen einen theoretischen Notbehelf zimmern. Kreativität, offensichtlich vor allem eine Fähigkeit oder Leistung des Ichs, wurde erst in späterer Zeit, nicht zuletzt durch die Entwicklung der Ichpsychologie, zu einer anerkannten, wenn auch noch immer begrifflich vagen Kategorie. So schreibt auch Noy: »Die psychoanalytische Erforschung des kreativen Prozesses als solchem begann erst mit der Entwicklung der Ich-Psychologie.« (1984, S. 181)

Aus einer philosophischen Perspektive, die zugleich psychologische und neurophysiologische Aspekte einbezieht, hat Lenk (2000) interessante Befunde der Kreativitätstheorie *außerhalb der Psychoanalyse* zu-

---

[71] Floßdorf (1978) konstatiert für diese Disziplinen seit den fünfziger Jahren geradezu einen »Boom« der Kreativitätsforschung. Er verweist dabei auf ein »Chaos« unterschiedlicher Definitionen von »Kreativität«. Er beklagt dabei allerdings nicht dieses Chaos, das angesichts des Phänomens »Kreativität« durchaus angemessen wäre, sondern einen Mangel an grundlegender begrifflicher Klärung. Interessant ist dabei der Hinweis, daß wichtige Anstöße für die Kreativitätsforschung aus den Bereichen Wirtschaft und Militär kamen.

sammengestellt. Bemerkenswert ist dabei, daß die meisten der »klassischen« psychologischen Untersuchungen zur Kreativität (Lenk verweist unter anderem auf Gardner, Feldmann, Simonton, Taylor und Walberg) keine große Schnittmenge hinsichtlich ihrer Ergebnisse aufweisen. Anhand einer von Lenk (2000, S. 104) zusammengestellten Übersicht besteht die höchste Übereinstimmung in relativ trivialen Punkten wie »kreativ in einem speziellen Bereich« und »nutzt Wissen als Basis für neue Ideen«. Erst an dritter Stelle folgt »aufmerksam auf Neuartigkeit und Wissenslücken«, ein Aspekt, der logischerweise zentral für jede Definition von Kreativität sein sollte (ebd.).

Wichtig erscheint mir auch Lenks kritische Auseinandersetzung mit Gardner hinsichtlich des Punktes, *wer* letztlich darüber entscheidet, was kreativ ist oder nicht. Lenk unterscheidet dabei eine sozial und historisch definierte von einer individualpsychologisch zu definierenden Kreativität: Kreativ in letzterem Sinne ist, wenn eine bestimmte Person etwas hervorbringt, was ihr zuvor nicht gelungen ist. Zu Gardners These, daß ohne das Urteil durch ein »kompetentes Feld« nicht entscheidbar sei, ob eine Person kreativ sei oder nicht, schreibt Lenk:

> Hier wäre es zweifellos günstiger gewesen, die soziale Akzeptanz und das nachträglich zugeschriebenen Prädikat »kreativ«, das sich freilich mehr auf Genialität als auf Kreativität im üblichen Sinne bezieht, von der eigenmotivationalen Dynamik und insbesondere den Fähigkeiten abzutrennen. (2000, S. 84)

Im Rückgriff auf die Theorie der »Flow-Zustände« (Csikszentmihalyi, 1997) geht auch Lenk, ähnlich wie ich es oben im Hinblick auf den ästhetischen Lustgewinn formulierte, davon aus, daß bestimmte – auch kreative – Aufgaben

> … ihren Lohn in sich selbst tragen. Bei solchen Aufgaben entsteht typischerweise oft eine Art von »Fließ«-Zustand, der die Tätigkeit als eine rhythmische Aktivität erleben läßt, von der man sich getragen fühlt, was eine Art von Rauschzustand erzeugt. (Lenk, 2000, S. 82)

Schließlich möchte ich darauf hinweisen, daß Lenk im Bereich der Chaostheorie, der Fraktal-Theorie und der »fuzzy logic« wichtige Aspekte auch einer Theorie künstlerischer Kreativität entdeckt hat. Neuere neurophysiologische Forschungen zeigen, daß im Gehirn für jeden Aufgabenbereich jeweils eine ganze Reihe von mehr oder weniger identischen neuronalen »Fraktalen« existieren, die miteinander rückgekoppelt sind und auf diese Weise »Ultrastabilität« erreichen, das heißt, die »Fähigkeit, ausfallende Teilstrukturen auszugleichen und dennoch ein Gleichgewicht zu erhalten« (Lenk, 2000, S. 253). Zugleich sind neuronale Abläufe im Gehirn damit zwar prinzipiell determiniert, aber in nicht linearer Weise. Damit besteht die Möglichkeit, daß *neuartige* Konstellationen entstehen. Phänomene wie etwa das Wetter oder die Wirbelbildung bei schnellfließendem Wasser werden von der Chaostheorie im Prinzip ähnlich erklärt.

Aus soziologischer Perspektive hat neuerdings Joas (1996) einen interessanten Ansatz beigesteuert, dessen Ausgangspunkt die soziologischen Handlungstheorien sind. Joas möchte diesen Theorien nicht eine weitere hinzufügen. Vielmehr sieht er in den verbreiteten, vorwiegend »teleologisch« orientierten Handlungstheorien ein prinzipielles Mißverständnis menschlichen Handelns, so daß er eine »fundamentale Umstellung« ihrer Grundlagen anstrebt (Joas, 1996, S. 213). Sein zentraler Gedanke besteht darin, anstelle des »teleologischen« ein »selbstreflexives« und sogar »vorreflexives« Verständnis von Intentionalität zu entwickeln (S. 232ff.). Handeln folgt dann nicht nur antizipierten Zielen, sondern es entwickelt sich jeweils aus Situationen und deren Veränderung. Dabei ist, wie gesagt, gerade auch die »vorreflexive« Situationseinschätzung von Bedeutung: meines Erachtens eine gemeinsame Schnittmenge mit einer *psychoanalytisch* orientierten Handlungstheorie. Es ergibt sich damit das Bild eines gewissermaßen kreativen »Entlanghangelns« an wechselnden situativen Gegebenheiten – entgegen der (teleologischen) Annahme, eindeutige Pläne und *Ziele* seien die *Ursache* des Handelns. »Wenn das Handeln aber fundiert in vorreflexiven Situationsbezügen gedacht wird, schwindet die Selbstverständlichkeit dieser Annahme.« (S. 237) Handeln setzt dann nicht notwendig Planung voraus, vielmehr ist der konkrete Handlungsablauf jeweils »von Situation zu Situation konstruktiv zu erzeugen und offen für kontinuierliche Revision« (ebd.).

Dieser kurze Exkurs in das Feld der Kreativitätstheorien außerhalb der Psychoanalyse hat meines Erachtens auch einen Aspekt beleuchtet, der über die Frage nach der Kreativität hinaus bedenkenswert ist. Chaostheorie, »fuzzy logic« und ihre neurophysiologischen Begründungen, aber auch eine nicht-teleologische Handlungstheorie im Sinne von Joas würden somit nahelegen, Freuds epistemologischen Determinismus zwar als *Determinismus* beizubehalten, ihn jedoch als einen *nicht linearen* Determinismus zu verstehen, der damit auch die Entstehung des Neuen besser verständlich macht.

Um die Diskussion des Begriffs »Kreativität« weiterzuführen, möchte ich nunmehr genauer auf Winnicotts Konzept »primärer Kreativität« eingehen. Winnicotts Position gegenüber der traditionellen psychoanalytischen Behandlung dieses Themas ist ebenso eindeutig wie schroff:

Wo die Psychoanalyse versucht hat, sich dem Thema der Kreativität zu widmen, hat sie in großem Ausmaß den Blick für das Wesentliche verloren. Der psychoanalytische Autor hat möglicherweise eine hervorragende Persönlichkeit aus dem Bereich der bildenden Kunst herausgegriffen und versucht, sekundäre und tertiäre Beobachtungen zu machen, damit aber nichts von dem berücksichtigt, was man primär nennen könnte. Nimmt man etwa Leonardo da Vinci, so kann man sehr wichtige und interessante Aussagen über die Beziehungen zwischen seinem Werk und bestimmten Ereignissen in seiner Kindheit machen. ... Derartige Umstände, die sich bei der Beschäftigung mit bedeutenden Persönlichkeiten ergeben, treffen aber nicht das Wesentliche am Thema der Kreativität. Es ist unvermeidlich, daß derartige Studien über bedeutende Menschen, Künstler und kreative Menschen im allgemeinen Ärger erregen. ... Sie lassen das entscheidende Thema außer acht, nämlich die Frage nach dem kreativen Impuls. (Winnicott, 1973, S. 82)

Unmittelbar anschließend schränkt Winnicott seine Überlegung ein und präzisiert sie zugleich:

Natürlich wird niemals jemand in der Lage sein, den kreativen Impuls zu erklären. ... Aber es ist möglich und nützlich, kreatives Leben und Leben überhaupt miteinander in Verbindung zu setzen, und man kann die Gründe untersuchen, warum eine kreative Lebensweise verlorengehen kann und warum das Gefühl eines Menschen, daß das Leben real oder sinnvoll ist, verschwinden kann. (1973, S. 82f.)

Meines Erachtens nimmt Winnicott die Reichweite seines Konzepts primärer Kreativität zu weit zurück. Man mag argumentieren, daß er primäre Kreativität beispielsweise nicht in ihrer neurophysiologischen Fundierung »erklärt« hat. Seine Beschreibung ihrer Ontogenese erscheint jedoch plausibel, geradezu zwingend.

Zum Verständnis primärer Kreativität bei Winnicott muß zunächst darauf verwiesen werden, was Kreativität allgemein für ihn bedeutet. Pointiert formuliert ist Kreativität für Winnicott eine Synthese des Freudschen »Lieben« und »Arbeiten«, somit auch mehr als die Ich-Leistung, als die Kreativität häufig betrachtet wird. Kreativität ist die »Tönung der gesamten Haltung gegenüber der äußeren Realität« (Winnicott, 1973, S. 78). »Mehr als alles andere ist es die kreative Wahrnehmung, die dem einzelnen das Gefühl gibt, daß das Leben lebenswert ist.« (Ebd.) Es versteht sich von selbst, daß Kreativität für Winnicott nicht auf Kunstwerke beschränkt ist:

> Ein Bild, ein Haus, ein Garten, eine Tracht oder eine Frisur, eine Symphonie oder eine Skulptur können zweifellos ebenso eine Schöpfung sein wie ein gelungenes Mahl, das zu Hause angerichtet wird. Vielleicht sollte man lieber sagen, diese Dinge *könnten* Schöpfungen sein. Die Kreativität, um die es mir hier geht, ist etwas Allgemeines. Sie gehört zum Lebendigsein. (S. 80)[72]

Es ist nicht ohne Reiz, darüber nachzudenken, wie die Psychopathologie und sogar die Psychoanalyse insgesamt aussehen würden, wären sie aus der Perspektive von Kreativität bzw. ihrer Hemmungen entwickelt worden. Problematisch, »krank« wäre dann derjenige, dessen kreatives Potential gehemmt oder gestört, der in hohem Maße angepaßt wäre, dem kreative Konfliktlösungen verbaut wären. Picasso hat diesen Gedanken angedeutet:

> Zweifellos wird es eines Tages eine Wissenschaft geben, die man vielleicht »Wissenschaft vom Menschen« nennen wird und die bestrebt sein wird, den Menschen durch den schöpferischen Menschen tiefer zu erkennen. (1982, S. 24)

Winnicott hat diesen Weg mit seiner Typologie des schizoiden, kreativen und angepaßten Menschen ein Stück weit beschritten. Das eine Extrem dieser Typologie ist der angepaßte Mensch:

> Diese Anpassung bringt für den einzelnen ein Gefühl der Nutzlosigkeit mit sich und ist mit der Vorstellung verbunden, daß alles sinnlos und das Leben nicht lebenswert ist. Viele der betroffenen Menschen haben gerade soviel an kreativer Lebensweise erfahren, daß sie zu der quälenden Erkenntnis kommen, die meiste Zeit unschöpferisch zu sein, im Banne der Kreativität eines anderen oder einer Maschine. (Winnicott, 1973, S. 78)

Auf der anderen Seite der Skala steht der schizoide Mensch, der seine Phantasien für Realität hält, für den Realität »in gewissem Maße ein subjektives Phänomen bleibt. Im Extremfall halluziniert der einzelne in bestimmten Augenblicken oder möglicherweise grundsätzlich.« (S. 78f.) Der kreative Mensch ist weder vollständig angepaßt, noch hält er seine Phantasien für Realität, er setzt sich vielmehr mit dem Druck der Realität

---

[72] Dies erinnert ansatzweise an Whiteheads Metaphysik der Kreativität. Für Whitehead ist Kreativität »die Universalie der Universalien« (zit. nach Lenk, 2000, S. 307).

in der Weise auseinander, daß er sich einen »intermediären Bereich« schafft:

> Wir behaupten nun, daß die Akzeptierung der Realität als Aufgabe nie ganz abgeschlossen wird, daß kein Mensch frei von dem Druck ist, innere und äußere Realität miteinander in Beziehung setzen zu müssen, und daß die Befreiung von diesem Druck nur durch einen nicht in Frage gestellten *intermediären Erfahrungsbereich* (in Kunst, Religion usw.) geboten wird (...). Dieser intermediäre Bereich entwickelt sich direkt aus dem Spielbereich kleiner Kinder, die in ihr Spiel »verloren« sind. (S. 23f.)

Das klingt im ersten Moment wie Freuds Vorstellung vom Künstler, der »Ehre, Macht, Reichtum, Ruhm und die Liebe der Frauen« erwerben möchte, dem jedoch die Mittel fehlen, »um diese Befriedigungen zu erreichen«, und der sich deshalb »wie ein anderer Unbefriedigter von der Wirklichkeit« abwendet und es, mit anderen Worten, nicht weit »zur Neurose« hat (Freud, 1917, S. 366). Der kleine, aber bedeutungsvolle Unterschied besteht darin, daß Freuds Künstler sich qua Sublimierung Ersatzbefriedigungen schafft und sich deshalb in der Nähe der Neurose befindet, während Winnicotts Künstler, indem er sich mit Kunst einen intermediären Erfahrungsbereich schafft, seine Kreativität entfaltet, damit in besonderem Maße seine psychische Vitalität unter Beweis stellt und das Gefühl entwickelt, daß das Leben trotz allem »lebenswert« ist (Winnicott, 1973, S. 78). Zugleich unterscheidet sich sein Lebensgefühl dadurch von dem des Angepaßten, daß er die Realität, so wie sie ist, nicht voll akzeptiert. Während Freuds Künstler ein Quasi-Neurotiker ist, zeichnet sich Winnicotts Künstler gleichsam durch ein »tragisches« Lebensgefühl aus, dem es durch seine Kreativität gleichwohl gelingt, das Gefühl eines »lebenswerten« Lebens zu entwickeln.

Es ist hier nicht der Ort, Winnicotts Theorie der primären Kreativität, des Übergangsobjekts und des intermediären Raums ausführlicher zu diskutieren (zumal sie meines Erachtens weitgehend bekannt ist). Ich möchte jedoch auf vier Punkte hinweisen, die für den vorliegenden Zusammenhang von Bedeutung sind:

(1) Die »erste schöpferische Aktivität des Kindes«, die »zwischen dem Daumenlutschen und der Liebe zum Teddybär liegt« (Winnicott, 1973, S. 11) und damit die Erschaffung eines »Übergangsobjekts« in einem intermediären Erfahrungsbereich darstellt, ist psychisch nicht voraussetzungslos, keine konfliktfreie Ichfunktion. Indem das Klein-

kind etwas erschafft, das zwischen der inneren und äußeren Realität liegt, das zwar vom Erwachsenen als etwas »Äußeres« wahrgenommen wird (als ein Wollknäuel, als Zipfel einer Decke oder eine stereotype Geste), dessen Bedeutung für das Kind jedoch darin liegt, daß es *von ihm selbst* zu etwas Bedeutungsvollem *gemacht* wird, verarbeitet es seine Erfahrung einer wachsenden Trennung von der Mutter und der Desillusionierung seiner Allmachtsphantasien. Auch sekundäre Kreativitätsformen (etwa die des Künstlers) können, so meine These, dieses archaische Erbe nicht vollständig abstreifen.

(2) Man kann zwar im Übergangsobjekt einen Symbolvorläufer sehen (es steht dann für die Brust, die Mutter oder anderes), doch ist seine Bedeutung damit nicht erschöpft. Ebenso wichtig ist seine taktile, optische oder akustische Beschaffenheit, »sein tatsächlicher Wert« (Winnicott, 1973, S. 15). Hierin liegt seine strukturelle Übereinstimmung mit dem Kunstwerk.

(3) Übergangsobjekte werden nicht verdrängt, sondern sie verlieren zugunsten anderer und schließlich kultureller Objekte ihre Bedeutung. Das »Schicksal« des Übergangsobjekts ist es, »daß ihm allmählich die Besetzungen entzogen werden, so daß es im Laufe der Jahre zwar nicht in Vergessenheit gerät, jedoch in die Rumpelkammer verbannt wird. ... Es wird weder vergessen noch betrauert. Es verliert im Laufe der Zeit Bedeutung, weil die Übergangsphänomene unschärfer werden und sich über den gesamten intermediären Bereich ... ausbreiten – das heißt über den gesamten kulturellen Bereich.« (Ebd.) Dies ist meines Erachtens eine wichtige Ergänzung von Konzepten wie Verdrängung oder Sublimierung. Primäre Kreativität geht – indem die Übergangsobjekte ihre Besetzungen verlieren – allmählich in sekundäre bzw. kulturelle Kreativität über.

(4) Die Entfaltung primärer und sekundärer Kreativität setzt »genügend gute Umweltbedingungen« voraus. »Darstellungen, die das Individuum isoliert betrachten, können über das zentrale Problem des Ursprungs von Kreativität nichts aussagen.« (Winnicott, 1973, S. 84f.)

Ich möchte das für mich wichtigste Ergebnis von Winnicotts Theorie zusammenfassen: Ihm zufolge ist Kreativität kein aus der Triebstruktur abgeleitetes Phänomen, sondern ein weitgehend eigenständiger psychischer Funktionszusammenhang. Obwohl Winnicott keine »Letzterklärung« von Kreativität bietet, liefert er gleichwohl *überzeugende Argumente für die An-*

nahme der Ubiquität primärer Kreativität und ihrer allmählichen Trans-
formation in kulturelle und damit auch künstlerische Kreativität, jeweils
unter der Voraussetzung, daß keine massiven psychischen Schädigungen
und eine fördernde Umwelt vorhanden sind.

An derartige Überlegungen schließt auch Gedo an. In *The Artist & The
Emotional World* (1996) hat Gedo eine detailreiche und empirisch fun-
dierte Studie über künstlerische Kreativität vorgelegt, in der differenziert
auf die Bedeutung der familialen, sozialen und kulturellen Bedingungen
für die Entfaltung von Kreativität eingegangen wird. Damit hat er eine
ausführliche und differenzierte Phänomenologie künstlerischer Kreativität
vorgelegt. Sein Material stammt zum Teil aus von ihm selbst durchge-
führten Psychoanalysen von Künstlern und anderen kreativen Persönlichkeiten, teils aus Untersuchungen von Künstlerbiographien. Ähnlich wie
Winnicott schränkt er den Gegenstandsbereich seiner Untersuchung ein:

> I shall offer no explanation of creativity in general – nor even partial theses
> focused on that vast topic. Instead I shall confine the discussion to the interre-
> lationship of creativity and personality – the only part of this scholarly domain
> about which a psychoanalyst can claim professional expertise. (Gedo, 1996, S.
> Xf.)

Gedo bezieht sich durchgängig anerkennend auf Winnicott, macht jedoch
an einem wichtigen Punkt eine Einschränkung:

> Although he never made his theoretical position on the question of creativity
> ... entirely explicit, D. W. Winnicott was probably the most influential contri-
> butor to the literature to espouse the emerging consensus about a new psycho-
> analytic theory of creativity. Winnicott located »cultural experience« in what
> he called a »transitional space« wherein the person operates playfully. In this
> volume I do endorse Winnicott's position; however, in my view creativity de-
> pends equally on the joy of effectance and on a preference for novelty. (Gedo,
> 1996, S. 10f.)

Wir werden sehen, daß »joy of effectance« – ein Begriff, den er von George Klein übernommen hat – eine zentrale Bedeutung für Gedo hat.[73]
Zwar ist es richtig, daß Winnicott seine Position zu diesem Punkt nicht
wirklich explizit gemacht hat, dennoch kann es keinem Zweifel unterlie-
gen, daß er in der kreativen Betätigung eine lustvolle Erfahrung des Indi-

---

[73] Ähnlich wie Noy (1984), auf den Gedo sich ebenfalls bezieht, sieht Gedo (1996, S.
7) die Überwindung der »sterilen« triebtheoretischen Perspektive weitgehend als ein
Verdienst der Ich-Psychologie: »The retreat from this essentially sterile viewpoint ...
was a by-product of the advent of ego psychology.«

viduums sieht: Schließlich läßt sie das Gefühl entstehen, daß das Leben »lebenswert« sei (Winnicott, 1973, S. 78). Auch Winnicotts Hinweis, daß die »Kontrolle« durch Allmachtsphantasien abgelöst werde, durch »Muskelerotismus und die *Lust* an der Koordination« (S. 19; Herv. M. C.), hatte ich bereits zitiert. Trotz seiner vorsichtigen Kritik hebt Gedo an Winnicotts Theorie weiterhin hervor, daß sie dazu beigetragen habe, Kreativität von dem Odium eines »by-product of psychopathology« bzw. einer »propensity for depressive illness« zu befreien (Gedo, 1996, S. 11).

Ich möchte im folgenden versuchen, die wichtigsten Voraussetzungen für die Entwicklung von Kreativität aus der Sicht von Gedo zusammenzutragen, wobei ich mich auf diejenigen Aspekte beschränken möchte, die besonders für *künstlerische* Kreativität wesentlich sind. Gedo (1996, S. 13) sieht hinsichtlich dieser Variablen einen »fair degree of consensus« – eine Einschätzung, die ich allerdings nicht vollständig teile, wenn ich etwa die geringe Übereinstimmung psychologischer Untersuchungen zu Kreativität berücksichtige, auf die Lenk (2000, S. 104) hinweist.

(1) Gedo beginnt mit der scheinbar trivialen Feststellung, daß der potentiell kreative Mensch zuallererst einmal *versuchen können* muß, kreativ zu sein (»must be able to try«; Gedo, 1996, S. 13). Daß dies nicht selbstverständlich ist, verdeutlicht Gedo mit dem Hinweis, daß es nicht nur die Angst vor dem Versagen, sondern auch die Angst vor dem Erfolg gibt. Die Realisierung kreativer Ambitionen kann schwere Schuldgefühle gegenüber geliebten Personen hervorrufen oder aber Angst vor Liebesverlust. Dies sei insbesondere der Fall, wenn der kreative Mensch starke symbiotische Beziehungen zu einem Familienmitglied oder einem Partner hat, wodurch autonome kreative Leistungen als Bruch der Beziehung erlebt werden können (S. 13f.).

(2) Der kreative Mensch muß das Gefühl haben, daß seine kreative Leistung moralischen Wert besitzt (»is morally worthy«; S. 14), und sei es nur für ihn selbst oder einige wenige. Gedo verdeutlicht dies im Laufe seiner Untersuchung (S. 14ff.) unter anderem an Gauguin und Cezanne. Beide betrachteten gegen den Widerstand ihrer Familien ihre künstlerische Tätigkeit als »guiding ideal« ihres Lebens. Dieser Aspekt ist mit einer Idealisierung der »Berufung« (»idealized vocation«) verbunden. Langzeituntersuchung hätten ergeben, daß dieser Effekt am häufigsten durch die Beziehung zu einem idealisierten Mentor, einem »master teacher«, insbesondere in der Adoleszenz, erreicht

wurde. Gedo fügt hinzu: »Unfortunately, many talents are sadly wasted because they receive no recognition and essential nurture of this kind.« (S. 17)

(3) Leidenschaft für die künstlerische Berufung ist nicht ausreichend. Es muß eine spezifische Leidenschaft für die künstlerische Leistung hinzu kommen, die die Eigenschaft einer »Sucht« hat, »because few can resist the pleasure of doing something difficult unusually well« (S. 18). Kreative Menschen unterscheiden sich von anderen Menschen, auch von solchen, die möglicherweise ähnliches Talent aufweisen, dadurch, daß sie diese »joy of effectance« anderen Formen der Befriedigung vorziehen (S. 19).

(4) Vergleichbar mit dieser suchtartigen Befriedigung durch kreative Leistung ist die Suche kreativer Menschen nach dem »Neuen« (»propensity to seek out novelty«; ebd.). Kreative Menschen haben im Vergleich zu anderen eine stärkere Tendenz, das Neue zu suchen. Dabei handle es sich nicht zwangsläufig um das Streben nach »Avantgarde-Positionen«. Picasso sei ein Beispiel eines Künstlers, der nicht nur formale Innovationen geschaffen, sondern häufig innerhalb etablierter Traditionen nach neuen expressiven Möglichkeiten gesucht habe (ebd.).

(5) Der kreative Mensch muß eine spezifische Form von »Mut« besitzen (»possess courage«; S. 21), Formen von Mut und Kühnheit, die mehr sind, als die Überwindung der Ängste vor Versagen oder Erfolg. Sie müssen die Fähigkeit besitzen, innerhalb ihrer Disziplin Isolierung zu tolerieren. Gedo erwähnt in diesem Zusammenhang einen nicht künstlerisch kreativen Menschen, Freud selbst: »For a dozen of years or more his isolation within neuropsychiatry was almost complete, broken only by the interest shown by an occasional student.« (Ebd.)[74]

(6) Scheinbar entgegengesetzt zu dieser Fähigkeit, Isolation zu tolerieren, ist der letzte Punkt: die Fähigkeit des kreativen Menschen, gleichwohl auch Unterstützung zu finden. Dies kann ein Vertrauter (oder eine Vertraute), nach dem Titel einer Novelle von Joseph Conrad ein »secret sharer«, sein oder ein Angehöriger (oder Beinahe-

---

[74] Dem aufmerksamen Leser ist möglicherweise aufgefallen, daß alle diese Punkte in signifikanter Weise auch auf Leonardo zutreffen, nicht zuletzt auch der folgende Punkt 6: Andrea del Verrocchio, Lorenzo de' Medici, Lodovico Sforza, Guiliano de' Medici, Franz I. von Frankreich sind nur einige Namen in einer langen Liste von Vertrauten und Gönnern.

Angehöriger) der eigenen Profession. Gedo nennt unter anderem das Verhältnis zwischen Picasso und Braque sowie die Beziehung von van Gogh zu seinem Bruder Theo, dem Kunsthändler, während seine Bemühungen, ein ähnliches Verhältnis zu Gauguin aufzubauen, scheiterten – mit gravierenden Konsequenzen. Ähnliche Bedeutung besaß vermutlich Freuds Verhältnis zu Fließ. Ein letzter Aspekt in diesem Zusammenhang ist eine spezifische soziale Kompetenz des kreativen Menschen, »the social skill needed to build for themselves a network of human relationships that will support their creative activities« (S. 23). Gedo nennt ihn nicht ausdrücklich in diesem Zusammenhang: ein Genie derartiger Netzwerkbildung war Picasso.

Ich sehe ein hohes Maß an Übereinstimmung zwischen Winnicotts, Gedos und meinen eigenen Überlegungen. Kreativität ist demnach – wie die duale Triebstruktur – gewissermaßen *eine anthropologische Konstante und entstammt einem gegenüber der Triebstruktur differenzierten autonomen Funktionszusammenhang,* den man mit Eigenschaften wie *Neugier, Explorations- und Problemlösungsverhalten, Lust am Neuen und an der kreativen Leistung* charakterisieren kann. Allerdings hat Gedo mit seinem Begriff der »effectance«, einer Befriedigung durch die kreative Leistung als solcher, diese »Lust« an der Kreativität meines Erachtens zu scharf von der Triebdynamik abgekoppelt. Ich tendiere an diesem Punkt mehr zu Winnicotts Ansatz, der die Genese primärer Kreativität als eine Form sieht, den drohenden Verlust der Brust bzw. der Mutter kreativ zu verarbeiten. Zugleich gehen in Kreativität Triebabkömmlinge libidinöser und aggressiver Natur ein. Damit ist die Aussage, daß es sich bei Kreativität um einen autonomen Funktionszusammenhang handelt, nicht zurückgenommen. Ich möchte vielmehr darauf hinweisen, daß Trieb- und Konfliktkonstellationen in die Kreativität hineinreichen und bei künstlerischer Kreativität damit auch in *die Art und das Erleben des ästhetischen Lustgewinns.*

Diese Sichtweise hängt auch mit meinem Verständnis von *ästhetischer Sublimierung* zusammen. Ich hatte betont, daß es sich dabei um eine spezifische Form der Sublimierung handelt, bei der nach der gelungenen, »guten« oder »vollkommenen« Form (vgl. Noy, 1984) für bestimmte Inhalte gesucht wird. Es handelt sich somit um eine besonders komplexe Sublimierungsleistung, nämlich um die Fähigkeit, mindestens zwei Funktionskreise zusammenzubringen und zu synthetisieren: Motive und Konflikte einerseits, die Realisierung ästhetischer Ansprüche andererseits. Allerdings dürften die Verhältnisse noch komplizierter sein, da bestimmte Ideen, Visionen oder das Bedürfnis nach ästhetischen Erneuerungen, die der Künstler mit seiner Arbeit verbindet, hinzu kommen. Ich hatte bereits darauf hingewiesen, daß in dem gewissermaßen transzendentalen Weltbezug, wie wir ihn besonders bei Künstlern wie van Gogh, Cezanne, Picasso – aber auch bei Leonardo – finden können, eine weitere Motivation von künstlerischer Kreativität liegt. An dieser Stelle müßten die Überlegungen von Gedo weitergeführt werden.

Unabhängig von diesem Punkt hat Gedo, in Übereinstimmung mit dem Winnicottschen Desiderat, daß der Begriff Kreativität nicht an einem isolierten Individuum entwickelt werden kann, eine Reihe äußerst wichtiger »Umweltfaktoren« erarbeitet. Sie reicht von den Beziehungen des Künstlers zu seiner Herkunftsfamilie und zu seinen Partnern oder Partnerinnen über die Bedeutung eines geschätzten Mentors und/oder eines sozialen Netzwerks bis hin zur Fähigkeit, Isolation zu ertragen. Die von mir oben hervorgehobene »Anerkennung« durch signifikante Andere ist somit nur *ein* wichtiger Faktor im Rahmen dieser gewissermaßen *ökologischen Sicht von Kreativität.*

Abschließend noch eine Überlegung zu Gedos »propensity to seek out novelty« (Gedo, 1996, S. 19). Diese Suche nach dem »Neuen«, ja die Kategorie des »Neuen« überhaupt, ist ebenfalls ein Kriterium von Kreativität, über das kaum Dissens besteht. Selbst der Schachspieler, der virtuos die meisten der bekannten Zugvarianten (wie sie etwa in Schachlehrbüchern niedergelegt sind) beherrscht, der somit sogar eine Chance hätte, einen Schachcomputer zu besiegen, dessen Lust an der Meisterung seines Metiers geradezu suchtartig wäre, würde von uns deshalb noch nicht ohne weiteres für kreativ gehalten werden. »Kreativ« wäre er vermutlich erst dann für uns, wenn er neue Zugvarianten »erfinden« würde. Das Suchen und Finden von »Neuem« gehört somit notwendig zum Begriff von Kreativität. Auch die Kategorie des Neuen zeigt noch einmal die Grenzen eines gewissermaßen konkretistischen triebpsychologischen Verständnisses von Kunst. Das Neue ist zunächst das nicht Präsente, Abwesende. Aber gerade in der Suche nach dem Neuen, die unterschiedlich motiviert sein kann, entfaltet es als Abwesendes eine eigenständige motivationale und strukturierende Kraft.

In Bezug auf künstlerische Kreativität muß meines Erachtens auch die Kategorie des Neuen – und damit möchte ich zum Schluß kommen –

konzeptionell auf die Phänomene der ästhetischen Sublimierung, der ästhetischen Leidenschaft und des ästhetischen Lustgewinns bezogen werden. Der Künstler muß nicht nur Inhalt und Form synthetisieren, als kreativer Künstler muß er sich zugleich mit dem Problem auseinandersetzen, wie weit er im tradierten Formenkanon verharren oder nach neuen Ausdrucksmöglichkeiten suchen will. Das Neue birgt sowohl das erhöhte Risiko des Scheiterns als auch die Verlockung gesteigerter ästhetischer Lust. Es ist zumindest plausibel anzunehmen, daß die Suche und gegebenenfalls das Finden neuer Ausdrucksmöglichkeiten eine Steigerung des ästhetischen Lustgewinns, einen ästhetischen »flow«-Zustand bewirkt. Formal und inhaltlich angemessene, *neue* ästhetische Ausdrucksmöglichkeiten zu finden, wäre damit das *summum bonum* der Gratifikation, die der Künstler aus seiner Arbeit beziehen kann.

Zeittafel

1450   Ser Piero da Vinci, Leonardos Vater, ist Notar in Pistoia.

1451   Ser Piero nachweisbar als Notar in Florenz.

1452   Geburt Leonardos am 15. April in Vinci. Ser Piero vermählt sich mit der sechzehnjährigen Albiera Amadori.

1454(5) Geburt von Leonardos Halbschwester Piera.

1457   Leonardo wird in der Steuererklärung seines Großvaters erwähnt.

1464   Ser Pieros erste Frau stirbt.

1469   Leonardo ist auf der Steuererklärung seines Vaters in Florenz eingetragen.
Piero de' Medici stirbt. Sein Sohn Lorenzo übernimmt die Macht in Florenz.

1472   Leonardo schreibt sich in Florenz in die Malerzunft ein, ebenso wie Perugino und Botticelli.

1473   Die zweite Frau Ser Pieros stirbt.
Erste datierte Zeichnung Leonardos: die sogenannte Landschaft von Santa Maria della Neve.

1475   Ser Piero vermählt sich mit Margherita di Francesco.

1476   Geburt Antonios, des ersten ehelichen Kindes Ser Pieros, am 26. Februar. Am 9. April wird Leonardo der Sodomie angeklagt. Am 16. Juni wird das Urteil ausgesetzt.

1480   Lodovico il Moro ergreift die Macht in Mailand.

1481   Leonardo erhält den Auftrag zur *Anbetung der Könige*.

1483   Am 25. April erhält Leonardo, zusammen mit den Brüdern da Predis, den Auftrag zur *Felsgrottenmadonna*.

1489   Leonardo unternimmt anatomische und architektonische Studien.

1490   Arbeit am *cavallo*. Beginn der Arbeit an einer Abhandlung über die Landschaft sowie hydraulische Untersuchungen. Im Juli nimmt er Salai bei sich auf.

1493   Das verkleinerte Modell des *cavallo* wird in Mailand ausgestellt.

1494   Ausbruch der italienischen Kriege. Der mit Lodovico verbündete Karl VIII. besetzt Neapel. In Florenz Absetzung von Piero de' Medici. Savonarola übernimmt die Macht. Pisa erobert seine Unabhängigkeit zurück.

1495	Leonardo beginnt im Refektorium des Klosters Santa Maria delle Grazie mit dem *Abendmahl*.
1498	Leonardo malt die Sala delle Asse aus. Erste Versuche mit einer Flugmaschine. Savonarola wird öffentlich verbrannt.
1499	Zweiter Italienkrieg. Flucht Lodovicos. Leonardo verläßt das vom französischen Heer besetzte Mailand. Cesare Borgia wird Herzog von Valentinois. Die Türken bedrohen Venedig.
1500	Leonardo begibt sich mit Pacioli nach Mantua, dann nach Venedig. Er kehrt nach Florenz zurück, Arbeit an der *Anna Selbdritt*. Lodovico wird von den Franzosen gefangengenommen.
1502	Leonardo wird von Cesare Borgia zum Militäringenieur seines Heers ernannt. Inspektion der Festungsanlagen. Feldzug in der Romagna. Kartographische Arbeiten. Freundschaft mit Machiavelli. Soderini wird auf Lebenszeit zum Bannerträger von Florenz ernannt.
1503	Rückkehr Leonardos nach Florenz. Während ihres Krieges mit Pisa versuchen die Florentiner, den Arno umzuleiten. Leonardo beginnt mit der *Schlacht von Anghiari*.
1504	am 9. Juli stirbt Leonardos Vater. Er hinterläßt zehn Söhne und zwei Töchter. Francesco da Vinci, Leonardos Onkel, setzt den Künstler zu seinem testamentarischen Alleinerben ein.
1505	Studien über den Vogelflug. Zweiter Mißerfolg mit einer Flugmaschine. Letzte Honorarzahlungen für die *Schlacht von Anghiari* gegen Jahresende.
1506	Im Mai verläßt Leonardo Florenz und zieht nach Mailand, wohin ihn der französische Gouverneur Charles d'Amboise gerufen hat.
1507	Leonardo wird zum Maler und ordentlichen Ingenieur Ludwig XII. ernannt. Er überwacht das Anfertigen einer zweiten Fassung seiner *Felsgrottenmadonna*. In einem Erbschaftsprozeß streitet er mit seinen Halbgeschwistern um das Erbe seines Onkels Francesco, der im Jahr zuvor gestorben ist.
1508	Leonardo pendelt zwischen Florenz und Mailand. Untersuchungen über das Wasser. Studien für das Denkmal für Marschall Trivulzio.
1511	Bekanntschaft mit Francesco Melzi.

1512	Die Medici gewinnen in Florenz die Macht zurück.
1513	Wahl von Papst Leo X. Im Dezember richtet sich Leonardo mit Salai und Melzi im Belvedere-Palast in Rom ein. Arbeiten über Hohlspiegel.
1514	Leonardo begibt sich nach Parma und Florenz. Projekt der Trockenlegung der Pontinischen Sümpfe.
1515	Ludwig XII. stirbt. Franz I. erobert Mailand zurück. Zeichnungen zur Sintflut.
1516	Giuliano de' Medici stirbt.
1517	Leonardo, Melzi und Salai ziehen nach Frankreich und wohnen im Herrensitz von Cloux bei Amboise. Projekt einer neuen Hauptstadt in Romorantin.
1519	Am 23. April setzt Leonardo sein Testament auf. Am 2. Mai stirbt er.

Literatur

Adorno, Th. W. (1972). Ästhetische Theorie. *Gesammelte Schriften*, Bd. 7, Frankfurt a.m. (Suhrkamp).

Argelander, H. (1989). *Das Erstinterview in der Psychotherapie*. 4. Aufl., Darmstadt (Wiss. Buchgesellschaft).

Arasse, D. (1997). *Léonard de Vinci. Le rythme du monde*. Paris (Ed. Hazan).

Arieti, S. (1976). *Creativity. The Magic Synthesis*. New York (Basic Books).

Bramly, S. (2000). *Leonardo da Vinci. Eine Biographie*. 3. Aufl., Reinbek (Rowohlt).

Chastel, A. (Hg.) (1990). *Leonardo da Vinci. Sämtliche Gemälde und die Schriften zur Malerei*. München (Schirmer/Mosel).

Clark, K. (2000). *Leonardo da Vinci*. 20. Aufl., Reinbek (Rowohlt).

Clemenz, M. (1998). *Psychoanalytische Sozialpsychologie. Grundlagen und Probleme*. Gießen (psychosozial).

Collins, B. I. (1997). *Leonardo, Psychoanalysis & Art History. A Critical Study of Psychobiographical Approaches to Leonardo da Vinci*. Evanston (Northwestern Univ. Press).

— (1999). Leonardos Heilige Familien: besondere Geburten, Ambivalenz und das Lächeln der »Mona Lisa«. In: *Psychoanalyse und bildende Kunst*. Hg. von G. Schneider. Tübingen (ed. discord), S. 75-110.

Cremerius, J. (1995). *Freud und die Dichter*. Freiburg (Kore).

Csikszentmihalyi, M. (1997). *Kreativität*. Stuttgart (Klett-Cotta).

Eissler, K. R. (1994). *Leonardo da Vinci. Psychoanalytische Notizen zu einem Rätsel*. München (dtv).

— (1998). Freuds »Leonardo« – Traum oder Idylle? Entgegnung auf Jan Philipp Reemtsma. *Psyche* 52: S. 405-414.

Floßdorf, B. (1978). *Kreativität – Bruchstücke einer Soziologie des Subjekts*. Frankfurt a.M. (Syndikat).

Freud, S. (1900). Die Traumdeutung. *Studienausgabe*, Bd. II, Frankfurt a.M. (Fischer) 1969.

— (1907). Der Wahn und die Träume in W. Jensens »Gradiva«. *Studienausgabe*, Bd. X, Frankfurt a.M. (Fischer) 1969, S. 9-85.

— (1908). Der Dichter und das Phantasieren. *Studienausgabe*, Bd. X, Frankfurt a.M. (Fischer) 1969, S. 169-179.

— (1910). Eine Kindheitserinnerung des Leonardo da Vinci. *Studienausgabe*, Bd. X, Frankfurt a.M. (Fischer) 1969, S. 88-168.

— (1914a). Der Moses des Michelangelo. *Studienausgabe*, Bd. X, Frankfurt a.M. (Fischer) 1969, S. 195-222.

— (1914b). Zur Einführung des Narzißmus. *Studienausgabe*, Bd. III, Frankfurt a.m. (Fischer) 1974, S. 37-68.
— (1917). Vorlesungen zur Einführung in die Psychoanalyse. *Studienausgabe*, Bd. I, Frankfurt a.m. (Fischer) 1969, S. 34-445.
— (1920). Jenseits des Lustprinzips. *Studienausgabe*, Bd. III, Frankfurt a.m. (Fischer) 1975, S. 213-272.
— (1925). Selbstdarstellung. *Gesammelte Werke*, Bd. XIV, Frankfurt a.m. (Fischer) 1968, S. 31-96.
— (1926). Hemmung, Symptom und Angst. *Studienausgabe*, Bd. VI, Frankfurt a.m. (Fischer) 1971, S. 227-308.
— (1928). Dostojewski und die Vatertötung. *Studienausgabe*, Bd. X, Frankfurt a.m. (Fischer) 1969, S. 257-286.
— (1933). Neue Folge der Vorlesungen zur Einführung in die Psychoanalyse. *Studienausgabe*, Bd. I, Frankfurt a.m. (Fischer) 1969, S. 448-608.
Freud, S. und S. Ferenczi (1993). *Briefwechsel. Bd. I.1.* Hg. von E. Brabant, E. Falzeder und P. Giampieri-Deutsch. Wien, Köln und Weimar (Böhlau).
Frijling-Schrader, E. C. M. (1982). Honoré de Balzac, ein gestörter Junge, der nicht behandelt wurde. In: *Psychopathographien des Alltags. Schriftsteller und Psychoanalyse.* Hg. von A. Mitscherlich. Frankfurt a.m. (Suhrkamp). S. 71-82.
Gay, P. (1989). *Freud. Eine Biographie für unsere Zeit.* Frankfurt a.m. (Fischer).
Gedo, J. E. (1996). *The Artist & the Emotional World. Creativity and Personality.* New York (Columbia Univ. Press).
Geertz, C. (1987). *Dichte Beschreibungen. Beiträge zum Verstehen kultureller Systeme.* Frankfurt a.m. (Suhrkamp).
Green, A. (1999). Beim Betrachten von Leonardos Londoner Karton. Nebst einem methodologischen Anhang: die Strukturen des Subjekts zwischen Endopoiese und Exopoiese, In: *Psychoanalyse und bildende Kunst.* Hg. von G. Schneider. Tübingen (ed. discord), S. 37-73.
Grünbaum, A. (1988). *Die Grundlagen der Psychoanalyse: Eine philosophische Kritik.* Stuttgart (Reclam).
Herding, K. (1998). *Freuds Leonardo. Eine Auseinandersetzung mit psychoanalytischen Theorien der Gegenwart.* München (Carl Fr. v. Siemens Stiftung).
Herzfeld, M. (1906). *Leonardo da Vinci, der Denker, Forscher und Poet.* Jena.
Imdahl, M. (1988). *Giotti. Arenafresken. Ikonographie, Ikonologie, Ikonik.* München (Fink).
Israels, H. (1992). Freuds Phantasien über Leonardo da Vinci. *Luzifer-Amor* (10): S. 8-41.
Joas, H. (1996). *Die Kreativität des Handelns.* Frankfurt a.m. (Suhrkamp).
Jung, C. G. (2001). *Erinnerungen, Träume und Gedanken von C. G. Jung. Aufgezeichnet und herausgegeben von A. Jaffé.* Kleve (Walter).

Kohut, H. (1984). Kreativität. In: *Psychoanalyse, Kreativität und Kunst heute.* Hg. von H. Kraft. Köln (Dumont), S. 234-253.

Kraft, H. (1984a). Einführung. In: *Psychoanalyse, Kreativität und Kunst heute.* Hg. von H. Kraft. Köln (Dumont), S. 9-37.

— (Hg.) (1984b). *Psychoanalyse, Kreativität und Kunst heute.* Köln (Dumont).

Kris, E. (1977). *Die ästhetische Illusion. Phänomene der Kunst in der Sicht der Psychoanalyse.* Frankfurt a.M. (Suhrkamp).

Kubie, L. S. (1982). Die Wechselwirkungen zwischen schöpferischen und neurotogenen Vorgängen. In: *Psychopathographien des Alltags. Schriftsteller und Psychoanalyse.* Hg. von A. Mitscherlich. Frankfurt a.M. (Suhrkamp), S. 13-52.

Laplanche, J. und J.-B. Pontalis (1972). *Das Vokabular der Psychoanalyse.* 2 Bde., Frankfurt a.M. (Suhrkamp).

Lenk, H. (2000). *Kreative Aufstiege. Zur Philosophie und Psychologie der Kreativität.* Frankfurt a.M. (Suhrkamp).

MacIagan, E. (1923). Leonardo in the Consulting Room. *The Burlington Magazine* XLII: S. 54-57.

Maidani-Gérard, J.-P. (1994). *Léonard da Vinci: Mythologie ou théologie.* Paris (Presses univ. de France).

Mereschkowski, D. S. (1903). *Leonardo da Vinci. Ein biographischer Roman aus der Wende des 15. Jahrhunderts.* Leipzig. (1977) *Leonardo da Vinci. Historischer Roman.* 3. Aufl., München/Zürich (Hanser).

Mitscherlich, A., A. Richards und J. Strachey (1969). Editorische Vormerkung. *Studienausgabe,* Bd. X, Frankfurt a.M. (Fischer), S. 88-90.

Mitscherlich, A. (1982). Einleitung. In: *Psychopathographien des Alltags. Schriftsteller und Psychoanalyse.* Hg. von A. Mitscherlich. Frankfurt a.M. (Suhrkamp), S. 7-12.

Muensterberger, W. (1984). Der schöpferische Vorgang – seine Beziehung zu Objektverlust und Fetischismus. In: *Psychoanalyse, Kreativität und Kunst heute.* Hg. von H. Kraft. Köln (Dumont), S. 78-106.

Nagera, H. (1984). Die zwei leeren Stühle. In: *Psychoanalyse, Kreativität und Kunst heute.* Hg. von H. Kraft. Köln (Dumont), S. 280-293.

Noy, P. (1984). Die formale Gestaltung in der Kunst: Ein ich-psychologischer Ansatz kreativen Gestaltens. In: *Psychoanalyse, Kreativität und Kunst heute.* Hg. von H. Kraft. Köln (Dumont), S. 180-205.

Nunberg, H. und E. Federn (Hg.) (1977). *Protokolle der Wiener Psychoanalytischen Vereinigung.* Frankfurt a.M. (Fischer).

Picasso, P. (1982). *Über Kunst.* Zürich (Diogenes).

Popper, K. R. (1966). *The Poverty of Historicism.* 2. Aufl., London (Routledge).

Reemtsma, J. Ph. (1997). »Forsche nicht nach, wenn die Freiheit dir lieb ist; denn mein Gesicht ist ein Kerker der Liebe.« Philologische Anmerkungen zu

Sigmund Freuds und Kurt Eisslers »Leonardo«. *Psyche* 51: S. 820-834.

Richter, J. P. (1970). *The Literary Works of Leonardo da Vinci*. 2 Bde., 3. Aufl., New York (Phaidon Press).

Schapiro, M. (1956). Leonardo and Freud: An Art-Historical Study. *Journal of the Histories of Ideas* XVII: S. 147-178.

Schlösser, A.-M. und A. Gerlach (Hg.) (2001). *Kreativität und Scheitern*. Gießen (Psychosozial).

Schlücker, K. (2000). *Text & Methode in den Sozialwissenschaften*. Unveröffentlichtes Manuskript.

Schmidbauer, W. (1992). Freud, Leonardo, Michelangelo. *Luzifer-Amor* (10): S. 81-125.

Schneider, G. (Hg.) (1999). *Psychoanalyse und bildende Kunst*. Tübingen (ed. diskord).

Schönau, W. (1991). *Einführung in die psychoanalytische Literaturwissenschaft*. Stuttgart (Metzler).

Schröter, M. (1992). Bemerkungen über Theoriebildung und Biographik. *Luzifer-Amor* (10): S. 48-80.

Schröter, M. (1998). Rezension von Collins, B. I., Leonardo, Psychoanalysis & Art History, Evanston, Ill., 1997. *Psyche* 52: S. 499-502.

Segal, H. (1961). *Traum, Phantasie und Kunst*. Stuttgart (Klett).

Simons, P. (1997). Homosociality and Erotics in Italian Renaissance Portraiture. In: *Portraiture*. Hg. von J. Woodall. Manchester.

Solmi, E. (1908). *Leonardo da Vinci*. Berlin.

Spies, W. (1981). Picasso und seine Zeit. In: *Pablo Picasso. Eine Ausstellung zum hundertsten Geburtstag*. Hg. von W. Spies. München (Prestel), S. 9-33.

Tögel, Chr. (1992). Freud, Leonardo und die Wissenschaftstheorie. *Luzifer-Amor* (10): S. 42-47.

Vasari, G. (1568). *Le vite de' più eccelenti pittori, sculturi e architettori*. (1989) *Lebensläufe der berühmtesten Maler, Bildhauer und Architekten*. 4. Aufl., Zürich (Manesse).

Wassermann, J. (1991). *Leonardo da Vinci*. 3. Aufl., Köln (Dumont).

Winnicott, D. W. (1973). *Vom Spiel zur Kreativität*. Stuttgart (Klett).

Wirth, H. J. (2001). Das Menschenbild der Psychoanalyse: Kreativer Schöpfer oder Spielball dunkler Triebnatur. In: *Kreativität und Scheitern*. Hg. von A.-M. Schlösser und A. Gerlach. Gießen (Psychosozial), S. 13-44.

Wittkower, M. und R. Wittkower (1989). *Künstler – Außenseiter der Gesellschaft*. 2. Aufl., Stuttgart (Klett).

Zöllner, F. (2003). *Leonardo da Vinci. Sämtliche Zeichnungen und Gemälde*. Köln (Taschen).

Joseph D. Lichtenberg/Frank M. Lachmann
James L. Fosshage
Das Selbst und
die motivationalen Systeme
Zu einer Theorie
psychoanalytischer Technik
Brandes & Apsel

Joseph D. Lichtenberg/
Frank M. Lachmann/
James L. Fosshage

Das Selbst und die
motivationalen Systeme
Zu einer Theorie
psychoanalytischer Technik

Aus dem Amerikanischen
übersetzt von
Heidemarie Fehlhaber
360 S., vierf., Hardcover,
ISBN 3-86099-161-2

»Auf jeden Fall bietet das hervorragende Buch für Analytiker verschie-
denster Schulen eine Fülle von innovativen und überzeugenden Ideen,
die dazu beitragen können, ihre therapeutische Palette um einiges reicher
und farbiger zu gestalten.« *(Analytische Psychologie)*

Das Buch, reich an gut dokumentierten Beobachtungen zur psychischen Entwicklung bei Kindern und deren Kontinuität in der Funktionsweise der Erwachsenen, ermöglicht einen Blick in die Tiefe der Beziehung zwischen Patient
und Analytiker.

Für die Autoren bedeutet psychoanalytische Technik zuallererst eine Reaktion
auf die gelebte Erfahrung des Analysanden im Verlauf der Analyse. Dabei
kommen sie zu einem umfassenden Verständnis des technischen Gebrauchs
einfühlsamer Wahrnehmung, wobei sie auf die Erforschung der Affekte der
Analysanden besonders Gewicht legen. Aus dieser Verfeinerung der empa-
thisch-introspektiven Einstellung des Analytikers erwächst eine Technik, in
der analytische Interventionen sich in einer Atmosphäre gemeinsamer Nach-
forschung und der Freude am Entdecken vollziehen.

Als zentraler Beitrag zur modernen Psychoanalyse wendet sich das Buch an
selbstreflexive Kliniker, die auf der Suche nach einer von den Dogmen der
Vergangenheit befreiten, stimmigen Konzeption sind.

Antonie Ladan

Kopfwandler
*Die geheime Fantasie,
eine Ausnahme zu sein*

*Aus dem
Niederländischen
übersetzt von
Dieter Becker
200 S., vierf., Hardcover
ISBN 3-86099-782-3*

Ladan präsentiert die Psychopathologie des verkopften Hirnmenschen unserer Zeit, seine Probleme mit sich und die Konflikte der Umwelt mit ihm. Der Psychoanalytiker Ladan konstruiert zusammen mit seinen Patienten die Entstehungsbedingungen und die Realität traumatisierender Familienverhältnisse frühreifer Kinder auf gut lesbare Weise.

Ladan macht das analytische Vorgehen durch überzeugende Fallschilderungen und Beispiele aus der Literatur anschaulich. Er interpretiert *Die unendliche Geschichte* von Michael Ende und *Das Bildnis des Dorian Gray* von Oscar Wilde.

Ladan ist ein Vertreter einer modernen Psychoanalyse, die Erkenntnisse aus der Säuglingsforschung und neueren Entwicklungspsychologie, der Bindungstheorie, Neurobiologie und Gehirnforschung in Theorie und Praxis integriert.

Kopfwandler liest sich auch als eine Einführung in die Psychoanalyse auf dem neuesten wissenschaftlichen Stand. Ein überzeugendes Werk!

Donna M. Orange/
George E. Atwood/
Robert D. Stolorow

**Intersubjektivität
in der Psychoanalyse**
*Kontextualismus in der
psychoanalytischen Praxis*

*Aus dem Amerikanischen
übersetzt von
Elisabeth Vorspohl
160 S., Hardcover
ISBN 3-86099-224-4*

»Ein harter Brocken also, dieses leicht lesbare Buch, jedenfalls für jene Tafelträger der Psychoanalyse, die sich hinter Regeln und Gründervätern verbarrikadieren und mit wissenschaftstheoretischen Modellen operieren, die lediglich in der Mechanik ihren Platz haben, nicht jedoch in der modernen Microphysik und auch nicht in verantwortungsvoller Psychotherapie.«
(Micha Hilgers, Frankfurter Rundschau)

Mit ihrem Werk haben die Autoren eine praxisorientierte Grundlage der psychoanalytischen Intersubjektivitätstheorie verfaßt.

Eine klinisch orientierte Fortsetzung von Stolorows und Atwoods Gedanken, in denen die Autoren vier Grundpfeiler der psychoanalytischen Theorie Unbewußtes, Leib-Seele-Verhältnis, Trauma und Phantasie – unter einem intersubjektiven Blickwinkel neu konzeptualisierten. *Intersubjektivität in der Psychoanalyse* beschreibt und illustriert die Kontextsensibilität, die durch diese Sichtweise ermöglicht wird.

Ebenso wie vorangegangene Bücher von Stolorow et al. ist auch dieses Werk für eine breite Leserschaft von Psychoanalytikern und psychoanalytisch orientierten Psychotherapeuten eine theoretisch erhellende und klinisch hilfreiche Lektüre.

Selbstpsychologie

Europäische Zeitschrift für psycho-
analytische Therapie und Forschung
Self Psychology
European Journal for
Psychoanalytical Therapy
and Research
ISSN 1615-343X, vierteljährlich,
4. Jahrgang/2003

Heft 11: **Weiblichkeit und Männlichkeit**
im therapeutischen Prozess
Beiträge von Michael D. Clifford,
Virginia I. Goldner, Hans-Peter Hartmann,
Iris Hilke, Mark D. Smaller, Nancy P. van der Heide.

Heft 12: **Psychotherapie von Psychosen**
Beiträge von Michael Dümpelmann, Hans-Peter Hartmann,
Wolfgang Milch.

Heft 13/14 (3-4/2003): **Dialog mit der relationalen Psychoanalyse und**
der Objektbeziehungstheorie. Eine Erweiterung der Selbstpsychologie
Beiträge von Paul H. Ornstein, Lewis Aron, Ruth Stein u. a.

Name/Vorname

Straße/Hausnr.

PLZ/Ort

Ich möchte...

☐... die »Selbstpsychologie« ab dem Heft 11 als Jahresabonnement 2003
   für Euro 49,- bestellen.
☐... das Heft Nr. .... für Euro 13,- bestellen.
☐... zum Kennenlernen ein Probeheft bestellen
   (Zutreffendes ankreuzen)

Datum/1. Unterschrift

Inlandsporto und Versandkosten sind eingerechnet. Das Abonnement verlängert sich automa-
tisch um 1 Jahr zum jeweils gültigen Bezugspreis, wenn ich nicht vier Wochen vor Ablauf
schriftlich kündige. Diese Bestellung kann innerhalb von 7 Tagen (Poststempel) schriftlich
widerrufen werden. Davon habe ich Kenntnis genommen.

Datum/2. Unterschrift

Brandes & Apsel Verlag, Scheidswaldstr. 33, 60385 Frankfurt a. M.
Fax: 069/957 30 187, e-mail: brandes-apsel@t-online.de